经典 历史

影响中国发展历程的
100 部军事著作

李默 / 主编

廣東旅游出版社
GUANGDONG TRAVEL & TOURISM PRESS
悦读书·悦旅行·悦享人生

中国·广州

图书在版编目（CIP）数据

影响中国发展历程的 100 部军事著作 / 李默主编 . —
广州 : 广东旅游出版社 , 2013.10（2024.11 重印）
　ISBN 978-7-80766-648-6

　Ⅰ . ①影… Ⅱ . ①李… Ⅲ . ①军事—著作—中国—通
俗读物 Ⅳ . ① E-49

　中国版本图书馆 CIP 数据核字 (2013) 第 221342 号

出 版 人：刘志松
总 策 划：李　默
责任编辑：何　阳
装帧设计：盛世书香工作室　腾飞文化
责任校对：李瑞苑
责任技编：冼志良

影响中国发展历程的 100 部军事著作
YING XIANG ZHONG GUO FA ZHAN LI CHENG DE 100 BU JUN SHI ZHU ZUO

广东旅游出版社出版发行
（广东省广州市荔湾区沙面北街 71 号首、二层）
邮编：510130
电话：020-87347732（总编室）　020-87348887（销售热线）
投稿邮箱：2026542779@qq.com
印刷：三河市嵩川印刷有限公司
　　　（河北省廊坊市三河市杨庄镇肖庄子村）
开本：650×920mm　16 开
字数：105 千字
印张：10
版次：2013 年 10 月第 1 版
印次：2024 年 11 月第 3 次印刷
定价：45.80 元

　　《了解历史丛书》是一部全景式图文并茂记录中国文明历史的大书。出版者穷数年之力，会集各方力量——专家、学者、编辑、学术顾问们，在浩如烟海的历史档案、资料、著作中，探珍问宝，追寻中华文明在悠悠历史长河中的灿烂之光。此书的出版，凝聚了编撰者的心血，学术顾问们的智慧。尤其是李学勤先生，亲自动笔写下了序言，更增加了本书沉甸甸的分量。

　　中华文明的历史充满了辉煌与苦难，成就和挫折。它的历史无处不在，决定着我们中国人今天的思想和感情。当今的中国和中国人是中华文明的历史造就的，是中华文明的历史的延伸，也是它的一个组成部分，中华文明的历史之河奔流到现在。

　　中华文明是人类历史上最伟大的文明之一，是人类文明发展的主要构成。中华文明丰富、深刻、辉煌、博大，在人类文明中的骨干作用和领导作用人所共知。在人类文明的发源时期，中国就是四大古国之一，是地球上文化的策源地之一。在人类文明的早期，中华文明已成为文明在东方的支柱，公元前后200年间，人类的汉帝国与罗马帝国这两只铁手攫住了地球。在欧洲进入中世纪的时候，中华文明更成为了人类文明最主要的领导，它的文明统治东亚，传遍世界。进入近代，中华文明处于自身的重压和西方的欺凌下，但中国人民的斗争史和奋起精神是人类文明历史中不可缺少的一页。

　　五千年的中华文明为人类贡献出了从思想家孔子到科学技术的四大发明、从唐诗宋词到长城运河的伟大创造，贡献出了从诸子百家到宋明理学，从商周铜器到明清文学的深刻内涵，也贡献出了从五霸七强到三国纷争、从文景之治到十大武功的辉煌历史。中华文明的历史绚烂多彩，在人类文明的历史长河中永放光芒。

　　中华文明也是人类历史上最独特的文明，没有哪一个文明像中华文明这样持久，这样统一一致。世界上其他文明不但互相交错，其创造者也都与高加索人种有关，它们是姐妹文明。在人类历史中，只有中华文明才是独特的，它的创造者是中国土地上的中国人民，与其他任何地方的人民都没有关系，它的文化是统一一致的文化，可以不依赖于其他任何文明而生存，但中华文明也绝不是封闭的，它接受他人的文化，也承担自己对于人类的责任。

　　人类进入新世纪，中国的社会经济发展令世人瞩目。人们对于世界未来的政治和经济结构的估计无不以东亚和太平洋为中心，而尤以中国为重点。

经济起飞只是当代中国的一个方面，中国的精神文明的建设尤为刻不容缓。如果中国要自觉地发展中华文明，要有意识地使中国的发展具有世界意义，就必须发展强有力的精神文化，这样才能使中华文明的发展进入一个新的阶段，才能形成中国和中华文明的全面现代化。

而中国的精神文化的发展植根于中华文明的伟大传统之中。进入近代之后，在西方文化的冲击下，对于中国文化的价值产生大量的情绪化和激烈冲突的论调。"五四"运动"打倒孔家店"的口号具有冲破封建束缚的时代意义，对中国文化的发展有不容否认的正面意义，与文化虚无主义是完全不同的。文化虚无主义者否定中国传统文化，在现代化的旗帜下主张全盘西化；而复古主义则沉迷于中国文化的古董，走进反进步、反科学的泥潭。

历史的发展则超越了所有这些论点，产生这些论调的一百多年来的中国近代史已经结束。历史要求中国发展，要求中国走在全世界发展的前列。西化论和复古论都已过时，历史已经要求世界超越西方，中国可以承担起世界的命运，而中国的现实和世界的历史都说明，中国的使命在于它的发展前进，而非倒退。

中华文明走出迷惘的时代，我们这一代处在一个伟大而具有挑战的历史阶段。

总结历史、展望未来，这就是《了解历史丛书》的意义和使命。我们创作《了解历史丛书》，力求总结和回顾中华文明的全貌，在内容和形式上都开创一个新的局面。在内容结构上，既具有一定的深度，又具有相当的广博性，既有严谨、准确的学术价值，又有活泼、流畅的可读性。我们在本丛书内容纳了中华文明的各个方面，使它综合了大规模学术著作的系统性、严密性和普及读物的全面性、简易性，它既可作为大型工具书检索中华文明的各个成分，又可作为通俗的读物进行浏览。

我们从上世纪90年代初起就开始思考中华文明的历史和现实问题，并逐渐形成了编著《了解历史丛书》的设想。在开展这项庞大的文化工程之始，我们就聘请了国内权威学者李学勤、罗哲文、俞伟超、曾宪通、彭卿云诸先生担任学术顾问，他们对计划作了充分讨论，并审阅了大量初稿。我们聘请了广州、香港地区的社会科学学者、大学教师、研究生以及我社编辑人员几十人担任稿件的撰写工作。

通过创作这部书，我们深深地感受到了中华文明的博大精深，也感受到了它的内在缺陷。中华文明具有辉煌的时期，也有苦难的年代，有它灿烂的成就，也有其不足的方面。中华文明在自身中能够吸取充分的经验和教训，就能够使自身健康壮大，成长发展。

通过创作这部书，我们也深深感受到了出版事业的使命和重任。我们希望这部书能受到广大读者的喜爱，起到它所应当起的作用。为中华文明的反省、前进和奋起作一点贡献。

目 录

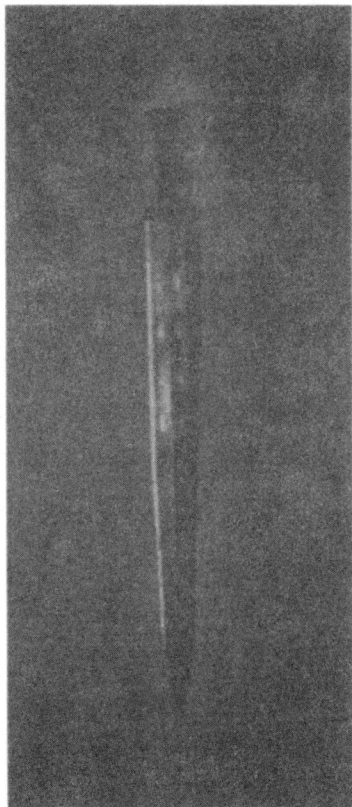

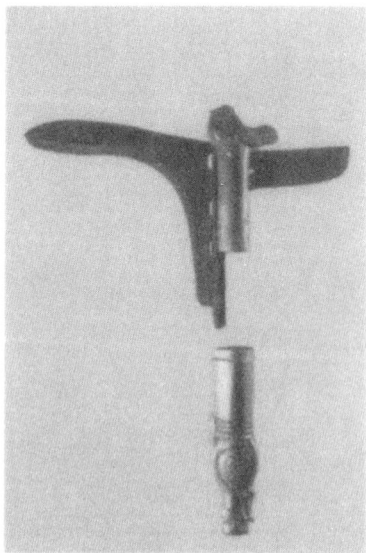

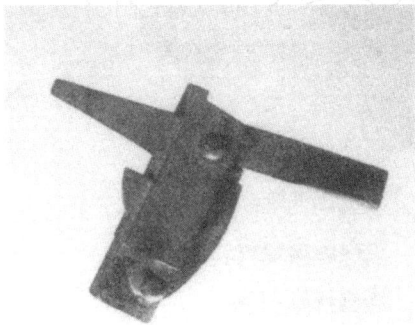

了解历史丛书

影响中国发展历程的100部军事著作

名臣伊尹囚禁商帝太甲

约前1544年，商老臣伊尹立太丁之子、成汤嫡长孙太甲继位，传说还亲作《伊训》《肆命》《徂后》等教导太甲。太甲继位后，"不明、暴虐、不遵汤法、乱德"，伊尹屡谏不止。太甲三年，伊尹将太甲囚禁在王都郊外的桐宫（今河南偃师），自己代行天子职权，摄行政当国。

太甲居桐宫三年，在伊尹的耐心开导下，悔过反省，开始弃恶从善，施行仁义。伊尹便迎太甲归朝当政。太甲复位后，果然政通人和，诸侯归顺，百姓安居乐业，大有成汤之风。传说太甲死后，伊尹作《太甲训》3篇，颂扬太甲，并尊他为太宗。

伊尹为商王朝开国功臣，曾辅佐商汤推翻夏桀，建立政权，又辅佐外丙、仲壬、太甲三王，立下汗马功劳。有传说，伊尹名阿衡，地位卑贱，看到汤是个有作为的人，便乘有莘氏嫁女之机，以陪嫁奴仆身份来到商。伊尹善烹调。到商后为汤掌厨，他利用侍奉汤进食的机会，

伊尹像

给汤分析天下形势，历数夏桀暴政，进献灭夏建国的大计。后来，他得到汤的信任，并被任命为"尹"，即右相，从此跟随商汤灭夏立商，成为商政权中一位赫赫元老。

太甲之后，沃丁即位，伊尹自觉年老，不再参与朝政。沃丁八年，伊尹病死，相传已有百年之寿。沃丁以天子之礼隆重地安葬伊尹，用牛羊豕三牲祭祀，并亲自临丧三年，报答他对商王朝的贡献。

伊尹的名字见于甲骨文，记载他历享后代商王的隆重祭祀。他是中国历史上第一位民臣形象，在商王朝的建立和巩固中起了不可估量的作用，特别是他的政治主张对整个商代都起了决定性的作用。

姬昌被囚姜太公出山

　　姬昌在相继灭黎、灭邘、灭崇，完成对商都朝歌的包围后，把国都由岐山迁至丰（今陕西户县）。

　　面对周人强大攻势的严重威胁，帝辛（纣王）不得不藉机断然将西伯昌扣押，囚于羑里（今河南汤阴北）。相传姬昌被囚时，曾将八卦演为六十四卦，并将作了爻辞、卦辞。

　　姬昌被囚之后，周大臣太颠、乙天、散宜生建议利用帝辛贪图享乐、爱美色的弱点，向他献美女名马。果然，帝辛释放了姬昌。

　　姬昌获释之后，更坚定推翻商王朝的决心，遇姜太公吕尚，拜之为军师。在吕尚的辅佐下，周境内政和讼平，民心大定，河东小国纷纷归附，造成当时三分天下周人有其二的局面，奠定了灭商的基础。

姬昌像

齐桓公即位

周庄王十一年（前 686 年）公孙无知杀齐襄公登基。但公孙无知立即遭到国人的强烈反对，被视为弑君篡位的叛臣。前 685 年春天，公孙无知赴葵丘（今山东临淄西）游猎被葵丘大夫雍廪袭杀身亡。

因齐襄公暴虐而逃奔在外的襄公诸弟，纷纷准备返齐继位。公子纠因其母为鲁女而逃奔在鲁，由管仲、召忽为其辅佐。公子小白逃奔在莒国，由鲍叔牙为其辅佐。公子小白之母是卫国之女，有宠于齐僖公。公子小白和齐国大夫高傒相友善，公孙无知被雍廪杀死时，齐国显贵高氏和国氏就商量，把公子小白秘密从莒国召回。鲁国听到公孙无知死讯，发兵送公子纠返齐，并派管仲率领部队在从莒赴齐的路上阻挡公子小白。管仲引箭射小白，射中其带钩，小白佯装身亡，倒在车中。管仲误以为小白已死，便派人驱车将消息飞报鲁国，公子纠信以为真以为高枕无忧，便慢慢赶路，六天后才到齐国。此时。公子小白早已到齐。因有高氏、国氏为内应，所以顺利继承君位，是为齐

齐侯盂

桓公。管仲与公子纠逃往鲁国。

周王室东迁以后，政治权力迅速转移到诸侯国，宗法制度和神权统治也已崩溃。所谓春秋五霸开始一一登上了历史舞台，政治结构上的这一重要变化促使各诸侯国发展起各具风格的政治、经济、军事格局和多元化的文化样式，从而为以后战国秦汉文明各方面的演进奠定了基础。齐桓公即位后，建立起齐国的霸权，引起政治、经济、文化上一系列改革，是中国历史发展的一个重要里程碑。

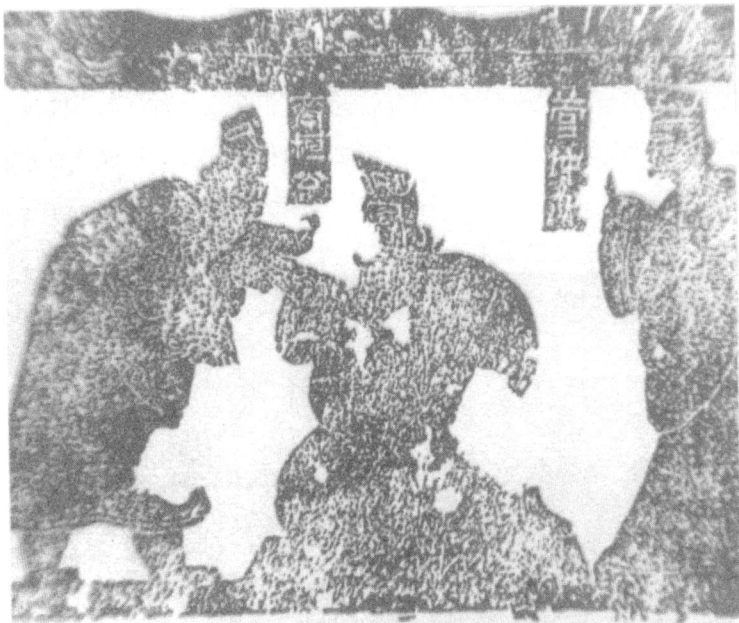

汉墓石刻曹沫劫桓公图。齐鲁会盟时，曹沫以匕首劫持桓公于坛上，逼使桓公还鲁侵地。

管仲谏止齐桓公封禅

周襄王元年（前651年，齐桓公三十五年），齐与诸侯以及周王太宰周公在葵丘结盟。齐桓公以为称霸天下的大业已成，便准备封禅（封：登泰山祭天；禅：在梁父山祭地）。管仲列举古时神农、炎帝、禹、汤等封禅者，告诉齐桓公只有受天命拥有天下的人才可以封禅。桓公认为自己九合诸侯，一统天下，和受天命拥有天下的人无异。管仲知道很难用言语劝服齐桓公，就答应可以张罗此事，又说：以往封禅，要收集东海比目鱼、西海比翼鸟等天下吉祥之物；如今凤凰麒麟不来，嘉谷又不生，野草蒿莱丰茂，鸱枭数次飞来，想封禅，恐怕不可以吧？齐桓公终于放弃了封禅的想法。

灞桥。在今西安市东，横跨在灞水上，是历史上一座富有诗意的古桥。春秋初期，秦穆公与东方诸侯争雄，改磁水为灞水，并建了桥梁。历代屡建屡毁至今。灞桥是东出长安的必经之地，人们送别，至此留步，早在汉代就有了折柳赠别的习俗。图为灞桥原貌。

赵盾主持晋国

晋国素以中军统帅兼秉国政。周襄王三十一年（前621年）春，晋阅兵于夷之后，赵盾以中军统帅身份执掌晋国政权，狐射姑辅佐他。赵盾制定章程，修订法令，清理诉讼，督察逃亡，使用契约，革除弊政，恢复等级，重建官职，选拔贤能。政令法规规定后，赵盾把它交给太傅阳处父和太师贾佗，作为常规大法在晋国推行。

赵盾主政不久，周襄王三十一年（前621年）八月十四日，晋襄公死，太子夷皋尚在襁褓之中。晋人因发生祸难之故，要立年长的国君。赵盾认为，应立公子雍。他好善而且年长，先君宠爱他，还为秦国所亲近。秦是晋国旧好，结交秦可安定晋国，缓解祸难。狐射姑主张立公子乐，公子乐之母受到怀公、文公两位国君宠幸，立其子，百姓必然安定。赵盾认为，公子乐之母辰嬴地位低贱，位次第九，其子必无威严。一妇而为两位国君所宠幸，这便是淫荡，公子乐居于小而远的陈国，这是鄙陋。公子雍之母杜祁由于国君的缘故，让位给逼姞而使她在上；由于狄人的缘故，让位给季隗而自己居她之下，所以位次第四。先君因此喜欢其子，让他在秦国出仕，做到亚卿。秦国大而

镈钟。

近，有事足以救援，母有道义，子为先君喜欢，足以威临百姓。所以，立公子雍最合适。赵盾派先蔑、士会到秦国迎接公子雍返晋。狐射姑也派人到陈国召回公子乐，赵盾派人在郫（今河南济源县西）地将公子乐杀死。次年夏，秦康公给公子雍许多步兵卫士，送他返晋。此时，太子夷皋之母穆嬴每天抱太子于朝啼哭，指责赵盾背弃先君托孤之心。赵盾和众大夫都怕穆嬴，遂背弃前往秦国迎接公子雍的先蔑，而立太子夷皋为君，即晋灵公。然后发兵抵御护送公子雍返晋的秦军。晋国让箕郑留守，由赵盾率领中军，先克为辅佐；荀林父为上军辅佐；先蔑率领下军，先都为辅佐。步招为赵盾驾御战车，戎津为车右武士。晋军到达堇阴（今山西临猗县东），赵盾整顿军队，快速行动，在令狐（今山西临猗县西）打败秦军。晋灵公的地位由此得到稳固。

为进一步巩固晋灵公的地位，赵盾还竭力争取诸侯的支持。周襄王三十二年（前 620 年）秋，赵盾与齐、宋、卫、陈、郑、许、曹等国之君会盟于扈（郑地，今河南原阳西）。赵盾为主盟。此次会盟，既加强了晋君的地位，也开了大夫主盟诸侯的先河。赵盾执国政期间，维护了晋国在中原的霸主地位。在晋襄公死后（在位七年），赵盾立太子夷皋为晋灵公，并因此与秦会战连年（前 619 年—前 615 年）。周顷王六年（前 613 年）六月，赵盾召集宋、鲁、陈、卫、郑、许、曹等诸侯会盟于新城（今河南商丘市西南），原来依附楚的陈、郑、宋三国改服于晋。同年春周顷王去世，子班即位，即是匡王，周公阅、王孙苏两卿士争着执政。争执持续到秋天，两人各不相让，于是让作为侯伯的晋来裁断。赵盾听了两人的申辩后为他们作了调解，两人和好。此后前 613 年—前 610 年几年间，晋国屡次以盟主身份会集诸侯，晋国的霸主地位在赵盾及六大夫的主持下得以保持，并成为与楚国对抗的中原核心力量。

鲁作三军

　　周灵王十年（前562年），鲁国季武子打算编定三个军。三军由三桓，即季孙氏、叔孙氏、孟孙氏每家各管一军。此年正月，鲁编定三军，把公室军队一分为三，三桓每家各掌握一军。三家各自把原有车兵并入。季孙氏让私邑战士自愿选择。参加军队者免征赋税，不参加者加倍征税。孟孙氏让私邑战士中的一半加入军队，叔孙氏把私邑战士全部编入军队。

周灵王

了解历史丛书

影响中国发展历程的100部军事著作

伍子胥出奔吴国

周景王二十三年（前522年），楚平王听信谗言，想杀太子建，于是将太子的老师伍奢召来并将他关押起来。太子建逃亡到宋。楚平王怕伍奢的两个儿子伍尚和伍子胥成为日后隐患，就派人召两人来，说：你们来了就可以放掉你父亲。大儿子伍尚为全孝道去了，跟父亲伍奢一起被楚王杀掉；小儿子伍子胥为报父仇出逃到宋国投奔太子建。不巧宋发生内乱，伍子胥便和太子建逃到郑。在郑三年，太子建报仇心切，参与密谋要夺郑定公的权，被郑定公发现杀了。伍子胥带着建的儿子太子胜逃奔吴。逃到吴楚交界的昭关（今安徽含山县北），关上盘查很严，因为郑王已叫人画像悬赏捉拿伍子胥，伍子胥非常发愁，传说他一夜之间愁白了头发，在好心人东皋公的帮助下混出了关。伍子胥和太子胜一路疾行，

伍子胥像

唯恐后面有追兵到来。到一条大江前，有一渔夫将伍子胥和太子胜渡过了江。伍子胥为感谢渔夫，摘下身上的宝剑相赠，说这值100金的。渔夫说楚国有令，凡抓到伍子胥都可以得到5万石粟和高官厚禄，我这都不在乎，还在乎你的剑吗？伍子胥还未到吴，在路上便病倒了，一路乞讨到了吴国。吴国公子光引见伍子胥给吴王，伍子胥劝吴王伐楚，被公子光阻拦住。伍子胥见公子光想谋王位，便举荐勇士给公子光。公子光杀了吴王僚后自立为王，这就是吴王阖闾。吴王即位后，封伍子胥为大夫，又任用了将军孙武，富强国家，整顿兵马，先后兼并了附近几个小国。周敬王十四年（前506年），吴王拜孙武为大将，伍子胥为副将，伐楚，一直打到郢都。伍子胥将楚平王之尸挖出，鞭尸以解父仇。

伍子胥画像镜

吴王阖闾攻越·战败而死

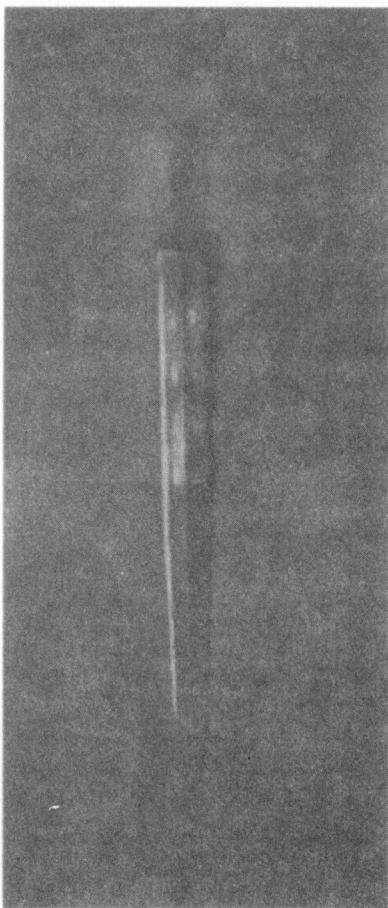

越王勾践剑

　　周敬王二十四年（前496年），吴王阖闾听闻越王允常死，便兴兵伐越。越国新君勾践率兵抵御，在檇李（今浙江嘉兴县南）摆开阵势。勾践担心吴国军阵严整而无隙可乘，便派敢死队前去冲锋，吴军阵脚不动。于是勾践又命罪犯排成三行，在阵前把剑放在自己脖子上说："两位国君出兵作战，下臣触犯军令，在君王的队列之前丢丑，所以不敢逃避刑罚，谨自首而死。"于是都自刎而死。吴军都惊异地观看，勾践乘机下令攻击，大败吴军。越国大夫灵姑浮甲戈击中吴王阖闾，击断了阖闾脚趾，还捡获阖闾一只鞋，吴军败退途中，阖闾死于距檇李仅七里之遥的陉地。

　　吴王阖闾是最后一位无争议的霸主，但其势力远不及前几位。真正的霸主实际上只有齐桓公、晋文公。吴越兴起于春秋末期，春秋霸主争夺战已是强弩之末，新的势力、制度已经开始兴起。

范蠡退隐

范蠡，楚国宛（今河南南阳）人，字少伯，是越王勾践成就霸业的主要谋士，殚精竭虑事奉勾践20多年。勾践用其计谋，灭吴，会诸侯尊周，最终成就霸业。相传范蠡献计将美女西施献给吴王夫差，使其耽于美色之中，越由此灭吴。勾践成霸业后，尊范蠡为上将军。范蠡以为大名之下，难以久居，认为勾践可与同患难，难以共安乐，于是不顾勾践挽留而装其珍

范蠡像

宝珠玉，与随从乘船从海上离开越国。相传与他一起离越的还有美女西施。

范蠡沿海漂流，到了齐国，从齐国寄书给勾践的另一位谋士种，说"飞鸟尽，良弓藏；狡兔死，走狗烹"，越王为人挑剔，可共患难不可同享乐，你为什么不离去呢？种收书后诈病不上朝。有人向勾践说种是想作乱，勾践于是赐种剑，种自杀。

范蠡到齐后，埋名隐姓，自称鸱夷子皮，父子治生产有方，不长时间就家产数十万。齐国人听闻他很有才能，就请他出任宰相。范蠡以"久受尊命，不详"为理由辞去相位，尽散家财给朋友、邻里和乡党，只带少量重要的宝物离去，至天下交通要冲陶（今山东定陶北），留居经商，自号陶朱公，成为传说中春秋战国时代中国最大的财神，积聚了资财巨万，被后世人奉为财神。

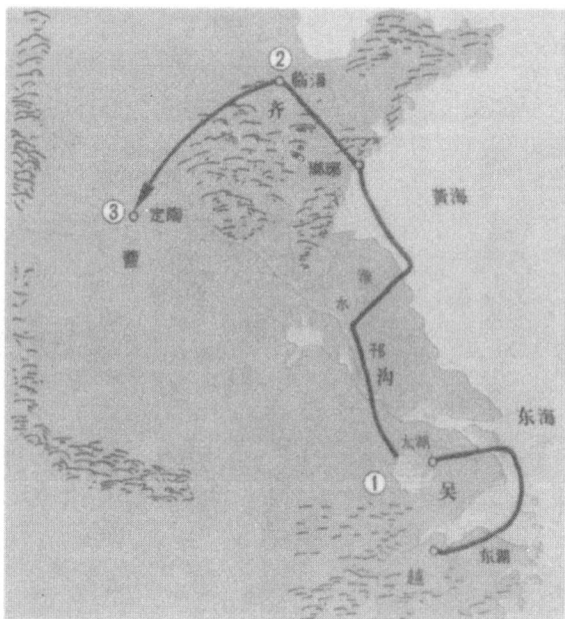

范蠡游走江湖，曾作三迁。

孙膑围魏救赵

孙膑是孙武后代，生于阿（今山东阳谷东北）、鄄（今山东鄄城北）之间，曾与庞涓一起学习兵法。庞涓当上魏王的将军，但觉得自己才不如孙膑，害怕孙膑取而代之，便设计陷害孙膑。他召来孙膑，砍掉孙膑的膝盖骨，并在他脸上刺字。齐国

战国镶嵌云纹承弓器

使者至魏，孙膑以罪人之身秘密与他相见，向他进行游说。齐国使者视之为奇人，将他偷偷载到齐国。齐国将领田忌待之如宾客，孙膑亦倍感其知遇之恩。

田忌曾多次与齐国诸公子赌赛马，胜负参半。孙膑见他们的马足力相去不远，而分为上、中、下三等进行竞赛，便鼓动田忌下大注，并授之以制胜之道，用下等马对他们的上等马，用上等马对他们的中等马，用中等马对他们的下等马，比赛结果，田忌一负两胜，获齐王千金之赏。田忌叹服孙膑的才华，向齐威王举荐，齐威王尊之为师。

孙膑任职后，积极出谋划策，很快就为齐国夺取了"围魏救赵"之战的胜利。赵国为兼并土地和扩张势力，曾进攻卫国，迫使其入朝。卫国原来朝于魏，现在改朝赵，魏国当然不甘坐视，遂起兵伐赵，率宋、卫联军包围赵都邯郸。齐威王四年、魏惠王十七年、赵成侯二十二年（前353年），赵国向齐求救，齐国以田忌为将、孙膑为军师，率兵驰援。孙膑认为，魏国攻赵，

精锐之师一定都在前线，内部必然空虚，如果率兵直捣大梁（今河南开封西北），迫使魏将庞涓回救本国，再在庞涓回兵必经途中，选择有利地形设伏，猝然出击，便可以"一举解赵之围而收弊于魏"。田忌采纳了孙膑的计谋。其时魏将庞涓领兵八万，到达茌丘（今地不详），将围攻邯郸。田忌也带八万齐军，按照孙膑之计，向南进攻处于宋卫之间的战略要地平陵（今山东邹县。一说在今河南睢县），并准备直趋大梁城郊，迫使庞涓回师自救。齐国进攻平陵的两个都大夫的军队在途中大败。孙膑派轻快战车向西直趋大梁城郊，使魏军感到震怒。孙膑又将自己的军队分散，给敌人以兵力单薄的感觉，诱使庞涓怒而轻敌，放弃辎重，用急行军兼程赶来。庞涓率军到达桂陵（今河南长垣县西北）时，孙膑率兵出其不意地袭击魏军取得大胜，并活捉庞涓。此役孙膑采用避实击虚、"攻其所必救"之法，"围魏救赵"，大破魏军，成为著名战例。

张仪相秦·展开连横策略

周显王四十一年（前 328 年），张仪相秦，开始推行其"连横"策略。

张仪本是魏国人。最初，他事奉鬼谷先生，学习纵横之术。后来游说于各诸侯国之间。入秦之后，秦惠文王擢用张仪为相。张仪采取联合韩、魏的"连横"策略，迫使韩、魏两国太子入秦朝见。秦派公子桑率军攻取魏蒲阳（今山西隰县），然后，张仪又请求秦惠王将蒲阳交还魏国，还使公太繇为"质子"到魏国。采取这些拉拢手段之后，张仪亲赴魏国，去劝说魏惠王议清利弊，不可对秦无礼，示意魏惠王献上郡之地作为回报。秦惠文王又派人去楚国劝说楚怀王与秦国联合，迫使魏国献上郡给秦，如此，既可有德于秦，又可削弱敌国魏的力量。楚怀王听从秦使者的说辞，宣扬已与秦联合，魏国闻讯十分惊恐。魏终于把上郡 15 县，包括少梁等地一起献给秦国，并与秦修好言和。秦把少梁更名为夏阳。一年后，秦将以前所攻取的焦（今河南三门

战国鹰形冠饰

峡西）和曲沃（今河南三门峡西南）两地归还魏国。

　　张仪的"连横"活动获得很大成功，在他主持下，秦对韩、魏采取又拉又打的策略，迫使这些国家就范，力图事奉秦国以求相安无事。张仪还曾率军向东侵伐，使秦完全占有了河西、上郡等地，并在河东占有土地，掌握了黄河，使秦国声威大振。

战国金冠带

齐魏韩合纵攻楚

秦昭王即位后，宣太后、魏冉主持国政，与楚国友善修好，既用重礼馈赠，又将上庸（今湖北竹山西南）归还楚国，楚国遂断绝与中原诸国的合纵关系，与秦国在黄棘（今河南南阳南）缔结盟约。孟尝君田文担任齐相后，为了操纵弱小侯国，迫使强国屈服，进而兼并土地，扩展势力，采取远交近攻的合纵策略。秦昭王即位之初，秦国忙于平定诸弟争夺君位的内乱，齐、魏、韩、楚等国结为合纵同盟。此时楚国背弃合纵之约而与秦国交好，齐、魏、韩三国合兵攻伐楚国。楚国向秦国求援，并以太子横为人质赴秦，同时

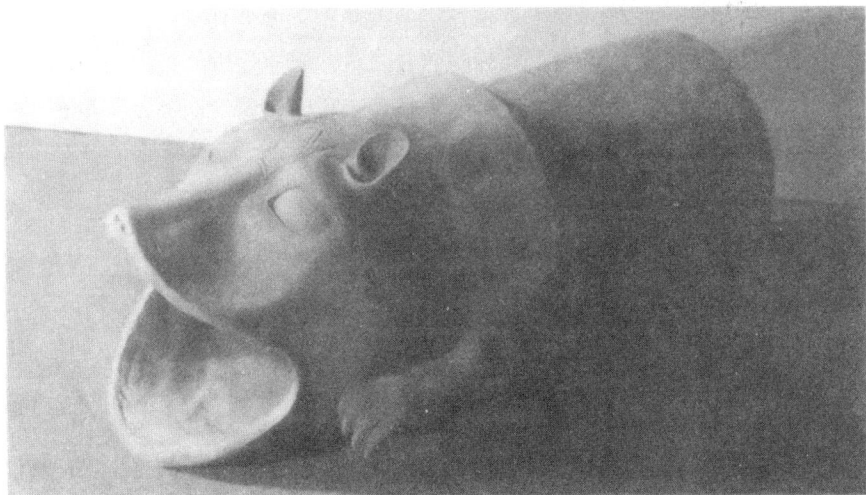

燕下都虎头形陶水道管口。此件为排水管道，其出水口呈虎头形，张口瞪目，双耳后竖，两足平伸，四爪着力。虎头形陶水道管口造型生动，手法夸张，巧用虎头张口形态，作排水管道口。

又派人游说主持秦政的魏冉，向他陈述各国利害。魏冉听后，深以为是，遂派客卿通带兵前往救楚，齐、魏、韩三国闻讯撤兵。

其后，太子横与一秦国大夫发生私斗，将其杀死，并私自逃回楚国，导致秦、楚两国交恶。齐国趁机再次攻楚。前301年，齐国联合宋、韩等国向楚国发动进攻，宋国原想持中立立场，慑于齐国压力，同意随齐伐楚。楚国发现后，派子象劝说宋王偃。宋王偃听后，决定依然持中立立场，不再派兵攻楚。秦国见齐正发动对楚战争，便想与魏国一同参与伐楚，魏襄王不同意，楼烦认为魏国不与秦攻楚，楚就会与秦联合攻魏，因此，不如主动攻楚。魏襄王遂同意出兵，形成齐、秦、魏、韩四国联合攻楚之势。齐将匡章、魏将公孙喜、韩将暴鸢率三国联军攻打楚国方城（楚国长城，环绕在于河南方城西、南、东三面），秦国则以芈戎为将攻打楚国。昭睢受命率楚兵抵御秦国，他建议楚怀王再拨楚兵，以向秦表示必战之决心。秦国稍攻占城邑后必然撤兵，而不愿与楚国相互消耗，使齐、魏、韩得利。楚怀王听从其建议，增拨兵力。秦军攻占新市（今湖北京山东北）后，果然未再继续进攻。在方城方面，楚国以唐眛（一作唐蔑）为将，与三国联军于泚水对阵，三国皆不知河水深浅，不敢贸然渡河，彼此相持达六月之久。联军最后从樵夫处访知，凡楚国防守密集之处河水均浅，匡章便派精兵于夜间渡河发动进攻，在泚水畔的垂沙（今湖北唐河西南）大败楚军，杀死楚将唐眛，韩、魏攻取宛（今河南南阳）、叶（今河南叶县西南）以北的大片领土。此役史称"垂沙之役"或"重丘之役"。

燕乐毅将五国军伐齐

燕昭王即位之后，为向齐报破国之仇，奋发图强、广招贤者，优礼相待，又慰问、抚恤死难者亲属，与百姓同甘共苦。燕国由此罗致了一批智能之士，其中有熟悉齐国险阻要塞及其君臣关系的谋士和善于用兵的军事人才。其中有乐毅，他主张应依据人的功劳大小，能力高低任以相应官职。他帮助燕昭王进行政治改革，使国力进一步增强。

燕昭王二十八年（前284年），国家殷实富足，士卒奋勇争战，愿为国献身疆场。燕昭王与乐毅商量伐齐复仇之事，乐毅建议燕昭王与赵、楚、魏等国联合伐齐。燕昭王便派使者出使魏、楚，派乐毅出使赵，并亲自到赵国与赵惠文王相会。赵惠文王将相国之印授予乐毅。燕昭王遂任命乐毅为上将军，征发全国军队，与赵、秦、魏、韩等国联合向齐国展开进攻。

其时齐湣王征调全国军队，由向子率领，在济水以西与五国联军交战。由于齐湣王晚年暴虐

战国碧玉龙形佩。玉料呈青碧色，间有紫色浸蚀。两面形式相同，皆琢成S形的龙，身饰蚕纹。龙腹中部上方有一圆穿。形制古朴生动。

无道，杀死几位敢于直言进谏的大臣，使得臣民离心，毫无斗志。双方一交战，向子就下令退兵，自己一人率先乘车逃脱，齐军大败。齐将达子召集逃亡的齐军士兵，整顿后继续作战，企图挽回败局，但齐湣王不予援助。达子率军在秦周（今山东临淄西北）与五国联军交锋时又被打败，达子战死。

两次战役使齐国主力受到重创，不能再与五国联军交战，只得退守各地城池。乐毅遂遣还秦、韩之军，让魏国进攻原宋国地区，赵国去攻取河间，自己则率领燕军长驱进击，攻打齐都临淄，齐湣王逃走。乐毅攻入临淄后，搜取齐国宝器，全部运回燕国。燕昭王亲自到济水慰劳将士，并将昌国（今山东淄博东南）之地封给乐毅，号昌国君。五国联合伐齐，秦国攻取原被齐国所占的宋国大邑定陶（今山东定陶西），魏国攻取大部分原属宋国的领土，赵国攻取济水以西的大片土地，连鲁国也乘机攻占齐国的徐州（即薛，今山东滕县东南），齐国遭受沉重打击。

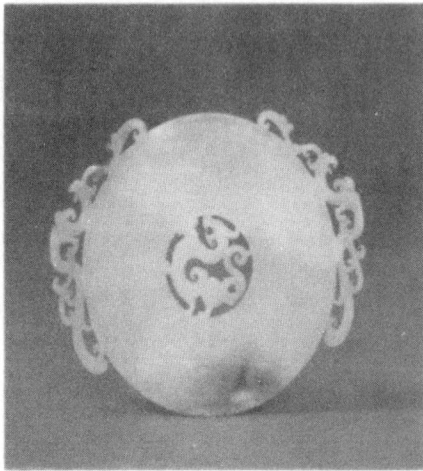

战国白玉龙凤云纹璧。以优质白玉制，局部有紫红色浸蚀。中央镂雕一张口蜷曲的龙（或称螭虎），璧身满饰规则的朵云纹。外缘两侧对称地各镂雕一形式相同而方向相反的凤。两面纹饰相同，雕琢十分精美。

同时，楚国担心五国攻破齐后再图谋楚国，遂派淖齿率兵援救齐国。齐国已被五国联军打败，燕军攻入国都临淄（今属山东），齐湣王逃到卫国，后又逃回到莒（今山东莒县）。淖齿率救兵赶到莒，被齐湣王任为相国。淖齿想与燕瓜分齐国，便将齐湣王杀死，乘机收复了以前被宋国夺取的淮河以北地区。

五国联合伐齐，是战国时的一场大战，之后，六国之间的自相残杀愈演愈烈。

蒙恬北伐匈奴

秦尚未统一六国前，逐渐强大起来的匈奴经常掠夺内地的人民、牲畜、财产，使相邻的燕、赵、秦深受其害。尤其是秦灭六国的最后阶段，中原战事方酣，匈奴趁各诸侯国无暇外及，占领了河套地区的所谓"河南地"。秦王朝建立后，匈奴的威胁成为最突出的问题。

秦始皇三十二年（前 215 年），奉命入海求仙的卢生回到咸阳，向始皇报告鬼神事，奏上的《录图书》有"亡秦者胡也"的语句。此胡本指"胡亥"之胡，但始皇却认为"胡"谓匈奴，为此，遂派大将蒙恬率军 30 万大举北伐匈奴。尽取河南（今黄河河套西北）地。

蒙恬（？—前 210 年），其祖先为齐国人。祖父蒙骜，从齐入秦侍奉秦昭王，官职为上卿。父亲蒙武，弟蒙毅，都是名将。始皇二十六年（前 221 年），蒙恬因家世殊勋被拜为秦将，受命攻陷齐国，拜为内史。第二年，蒙恬又率军

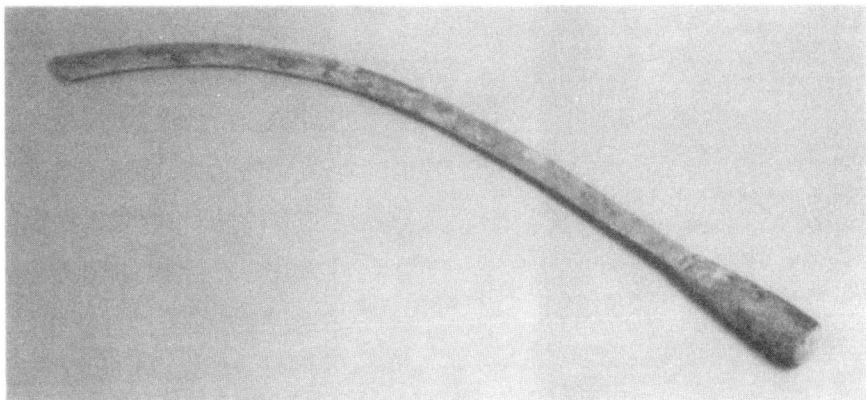

秦代铜弯刀

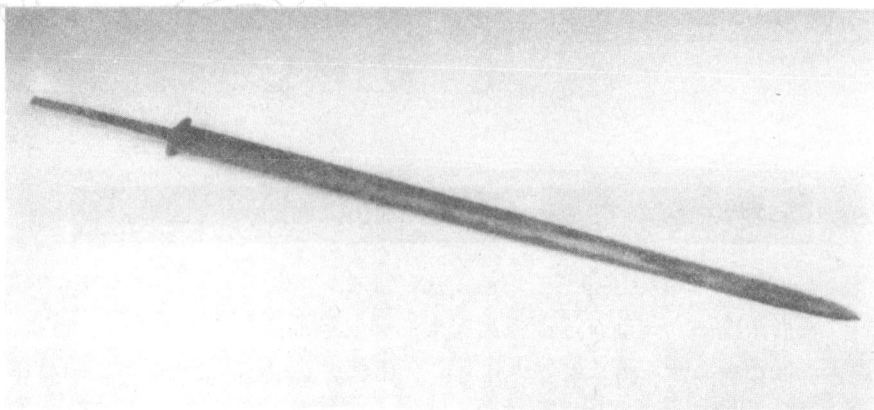

秦代铜剑

秦军俑

秦将军俑

越过黄河，夺取了为匈奴控制的高阙（今内蒙古杭锦后旗东北）、阳山（今内蒙古狼山）、北假（今内蒙古河套以北、阴山以南、大青山以西地区）等地。

匈奴首领头曼单于在秦军的打击下，放弃河南地及头曼城向北退却。秦王朝收复河套以北、阴山一带地区后，增设 44 县，重新设置九原郡，在黄河岸上构筑城堡戍守。始皇三十六年（前 211 年）秦迁内地人 3 万户到北河、榆中（内蒙古自治区伊金霍洛旗以北）屯垦，进一步巩固了对这一地区的统治。当时人们把这一新开垦的地区叫做"新秦"。

蒙恬北伐匈奴，不仅有力地制止了匈奴奴隶主贵族对中原的抢掠，而且大大促进了这一地区的开发。在长期的劳动和交往中，不少匈奴人南迁中原，逐渐同秦人及其他各族人民共同居住和生产，促进了民族的大融合。

张良依附刘邦

张良，其祖先是韩国人，其大父、父五代为韩国相国。韩国灭亡后，张良为韩报仇，曾招力士谋刺秦始皇，未能成功，逃往下邳（今江苏宿迁西北），改名换姓，行侠仗义，度过十余年。得习《太公兵法》。秦二世元年（前209年）秋，陈胜、吴广揭竿起义，反对秦王朝。张良获知，也在下邳聚结百余人响应义军。次年正月，秦嘉得知陈胜军败，立景驹为楚王，驻在留县（今江苏沛县东南）。张良率众往留县，打算归附景驹。路上遇到准备去投靠景驹的沛公刘邦。沛公带领数千士兵，攻占了下邳以西地区。张良便率领所部少年投附，沛公拜张良为厩将（掌马之官）。张良用《太公兵法》为刘邦出谋划策，刘邦常常采用其策。张良便留在刘邦军中，帮助刘邦以成大业。

秦木篦彩绘角抵图

项羽分封·自任西楚霸王

　　汉元年（前 206 年）正月，项羽入关后，派人向楚怀王报告并请示封王事情。怀王坚持过去的盟约："率先进入并平定关中的为王"，任命刘邦统治关中。项羽对此气愤不已，于是名义上仍尊奉楚怀王为义帝，让他仍旧居住在盱眙（今江苏盱眙东北）。二月，项羽自立为西楚霸王，掌管梁、楚地方九郡，设都彭城（今江苏徐州）。并分封 18 个诸侯王。

　　项羽本来不想让刘邦为关中王，又担心违反背约之名，于是与范增策划说："巴、蜀地方道路险峻，秦朝被流放的人都居住蜀地，而且巴、蜀两地也地处关中。"因此封刘邦为汉王，统治巴、蜀、汉中等地，设都南郑（今陕西汉中）。并将关中一分为三，分封秦 3 个降将，借以阻挡汉王东向的通道：章邯为雍王，掌管咸阳以西，设都废丘（今陕西兴平东南）；司马欣为塞王，掌管咸阳以东、黄河以西，设都栎阳（今陕西临潼东北）；董翳为翟王，掌管上郡，设都高奴（今陕西延安东北）。其余 14 个诸侯王为：申阳为河南王，统治河南郡，设都洛阳；司马卬为殷王，治理河内郡，设都朝歌（今河南淇县）；张耳为常山王，管理赵地，设都襄国（今河北邢台）；英布为九江王，设都六（今安徽六安）；吴芮为衡山王，设都邾（今湖北黄冈西北）；共敖为临江王，设都江陵（今属湖北）；臧荼为燕王，设都蓟（今北京市西南）；田都为齐王，设都临（今山东广饶旧临淄）；田安为济北王，设都博阳（今山东泰安北集坡）；将魏王豹改封为西魏王，掌管河东郡，设都平阳（今山西临汾襄陵西）；将赵王歇改封为代王，设都代（今河北蔚县代王城）；将燕王韩广改封为辽东王，设都无终（今天津蓟县）；将齐王田市改封为胶东王，设都即墨（今山东平度古岘东南）；韩王成仍然为韩王，居住在原来都城阳翟（今河南禹州）。

韩信背水一战

　　汉元年（前206年）八月，韩信"明修栈道，暗度陈仓"，一举平定三秦地。汉二年（前205年）五月，魏王豹借口回魏都平阳（今山西临汾襄陵东北）探望母亲疾病之机背叛汉王而归附楚王。刘邦派郦食其前往劝他回心转意，魏王豹拒绝。八月，刘邦以韩信为左丞相，与灌婴、曹参等协同攻击魏王豹，大败魏军。九月，韩信活捉魏王豹，平定魏地。后韩信派人请刘邦增兵3万人向北攻取燕、赵，向东进攻赵王，向南切断楚军后勤补给通道。刘邦同意，并命令张耳率军增援，与韩信合力向东进攻，并向北攻击赵、代。闰九月，韩信击破代军，活捉代相夏说。汉三年（前204年）十月，韩信、张耳率军数万越过太行山，向东攻击赵地。当时，赵王歇与赵军统帅成安君陈余在井陉口（又名土门关，在今河北井陉，为太行山八大隘口之一）聚集重兵，号称20万，想与韩信决战。广武君李左车建议从小路出兵消灭其辎重

拜将台。陕西汉中市城南的"拜将台"，传说传说是刘邦拜韩信为大将军时所设之坛。

"以出奇制胜"，陈余不听。韩信知道情况后大喜，于是采用"置之死地而后生"的背水阵战术，率兵离井陉口30里地时停止进军。半夜时分，向部将发出出兵的命令，并首先挑选轻骑2000人，每人手持红旗，由小路顺着山边隐蔽前进，至赵军营壁附近待命。另派万人作为先锋进军至绵蔓水（在井陉境）东岸，背对着河水摆下战阵。天明，韩信竖大将旗鼓，向井陉口攻击。赵军一看，立刻开壁门迎战。经长时间的激战后，韩信、张耳假装战败，向水上军逃跑，双方又展开激战。赵军见汉军背水而立，后无退路，于是倾巢出动猛攻汉军。此时，先行埋伏赵营附近的2000汉军轻骑立即驰入赵壁，将赵旗全数拔去并竖立起汉帜。汉军水上军因后无退路，拼力死战，赵军久战不下，想撤回大本营，突然发现赵壁上空汉帜招展，军心大乱。韩信指挥汉军趁势夹击，大破赵军。陈余也于泜水上为汉军所杀，赵王歇及李左车等都为汉军俘虏。此后，燕地望风而降。

井陉古战场。河北省井陉县的古战场遗迹，历史上著名的"背水一战"，就发生在这里。

无名氏撰《三略》

秦汉之际，无名氏撰写《三略》，又称《黄公石记》《黄公石三略》。

《三略》全书共3800字，从政治与军事上论述战胜攻取。由于其精辟独到的见地与分析，得到各朝统治者的重视与青睐，曾被钦定为"武经七书"之一。

所谓的《三略》，是指上、中、下三卷韬略，"上略设礼赏，别奸雄，著成败；中略差德行，审权变；下略陈道德，察安危，明贼贤之咎"。全书主要有以下几方面的独到见解：

首先，论述军事问题主要从战略入手，包括政治战略与军事战略，而其中又以政治战略为主。在政治上，它强调以"道""德""仁""义""礼"治国，要求明君能收揽人心，重视民心之向

西汉彩绘陶射俑

背。在军事上，要控制战略要地，也就是控制对战争全局有决定意义的地区或地形。

其次，阐述治军之道，强调正确认识将帅与士卒的关系。《三略》指出：指挥军队靠将帅，但冲锋陷阵却要靠士卒，两者是战胜敌人的两个不可或缺的因素。在正确认识将士关系的基础上，《三略》还提出作为将帅所必须具备的素质，即"能清、能静、能平、能整、能进谏、能听讼、能纳人、能采言"八条品德标准和"能知国俗、能图山川、能夷险难、能制军权"的四条知识与才能标准。而对于君主的选拔将帅，《三略》则认为一要做到任人唯贤，二要充分发挥将帅的优点和长处，人尽其才，用人所长。

最后，《三略》又讨论了君主驾驭将帅的方法及手段。在战争年代，要使将帅在指挥军队时具有绝对的自主权与决断权。将帅要

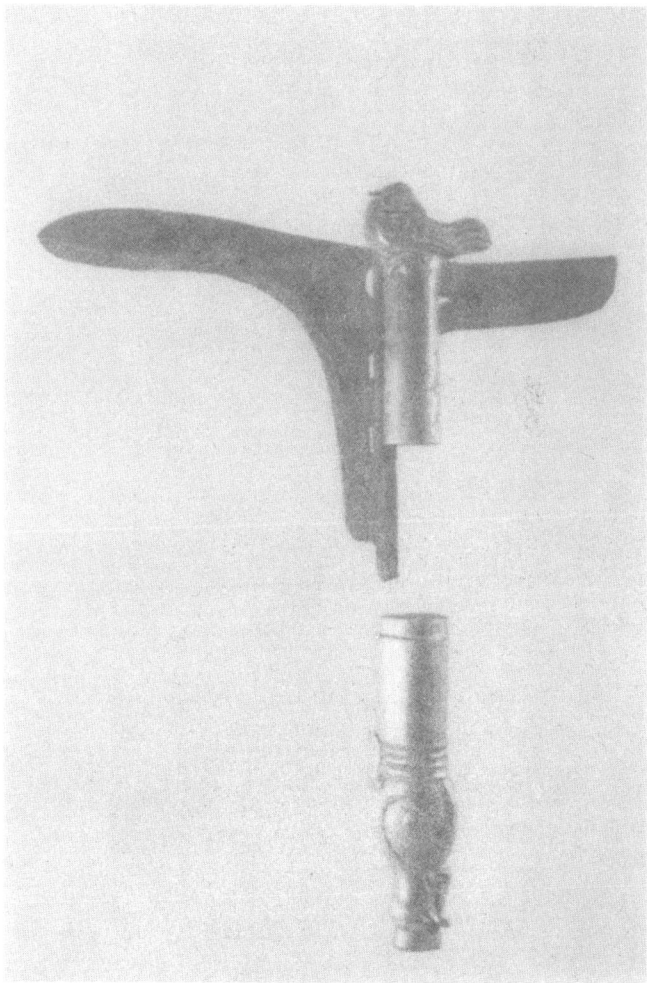

金镈戈

有充分的能力在关键时刻机动行事，而不受君主的限制，同时君主也不要随时干扰及动摇将帅的作战意图和战略部署；在和平年代，对于战功卓著的将帅，则要架空其实力，夺取其兵权，再赐予美女珍宝，使其斗志涣散，以消除其对君主的隐患。这一点是当时历史社会条件下的特定产物，是《三略》的消极成分。

总之，《三略》是我国古代的著名兵书，其中很多观点直到现在对军队的建设仍具有指导性的意义。但不可避免地也出现一些封建社会的消极因素。

萧何建石渠阁

汉高祖九年（前198年），汉相萧何很有远见地注意到了图书档案，把秦朝丞相府、御史府等重要官署的律令、图书收藏起来，在长安未央宫殿北建成了石渠阁，成为中国最早的中央档案中心。为了防火与保卫，石渠阁下用石头砌成了沟渠，用来盛水导水，石渠阁也因此而得名。由于汉高祖接受了秦朝毁灭图书的教训，"大收篇籍，广开献书之路"，又命萧何等国家重要大臣主持图书的整理、纂辑，石渠阁的藏书日渐丰富，保存了大批珍贵的典籍，汉代形成的档案后来也贮藏在这里。宣帝时著名的学者韦玄成、梁丘贺等还曾在这里讲诵经书，编撰史籍，使石渠阁成为当时研究学术和修史的中心，经常有学者在此召开会议。因此，石渠阁主要以研究经学为主，具有学术研究性的专业藏书处的特征。图书档案制度至此进一步发展。西汉末年，石渠阁被毁弃。

河南禹县双凤阙画像砖

周亚夫平定七国之乱

汉景帝前元三年（前154年）正月，吴、楚等七国起兵反叛，三月，太尉周亚夫率军平定。

景帝误杀晁错于长安东市后，悔恨之余，决定以武力平叛，于是派遣太尉周亚夫统领三十六将军率兵征讨，迎击吴楚联军，并派郦寄击赵、栾布击齐地诸国。

西汉兵士立俑。俑为兼任弓弩手之持械武士。

其时，吴王亲率吴楚联军二十余万将粮仓设在淮南的东阳，而以主力渡过淮水，向西进攻。同时，胶西、胶东、济南、菑川等四国合兵围攻忠于汉中央政权的齐国。赵国也在暗中勾结匈奴。二月，周亚夫采纳赵涉建议，从武关出兵抵洛阳。当时吴楚联军正猛烈进攻梁（今河南开封），亚夫不救，并率兵向东北走昌邑（今山东定陶东），以坚壁固守的战术，避免与叛军作正面接战，并派精锐骑兵突入敌后，夺取泗水入淮口，截断叛军的后勤补给道路，使其陷入困境。加上吴楚联军多为步兵，习惯在有险阻之地战斗，汉军多是车骑，擅长于平地作战。而战事在淮北平原上进行，对吴楚军显然不利。吴楚联军连战无功，士气低落，供应短缺，又无法越过梁国坚守的睢阳（今河南商丘南）。吴楚联军于是北进至下邑以求和亚夫军一战，结果一败涂地，士卒饿死、投降、失散很多，只得退走。亚夫立刻挥兵猛追。三月，吴王刘濞残部数千人退守丹徒（今江苏镇江），被东越人所杀。楚王刘戊也兵败自杀。其他诸王为栾布和郦寄所逼，有的被杀有的自杀。历经三个月的七国之乱遂被平定。

七国之乱的平定，巩固了削藩政策的结果，在很大程度上解决了汉高祖分封同姓王所引起的矛盾，并为日后汉武帝以推恩令进一步解决诸侯王国问题创造了必要的条件。

徐州出土西汉楚王墓兵马俑

李广智退匈奴

汉景帝中元六年（前144年）六月，李广巧计击退匈奴。

自汉高祖在白登被围困后，汉代历朝皇帝对匈奴都采取和亲政策，至景帝时，匈奴虽时常进犯汉朝北部郡县，但也无碍大局。景帝中元六年（前144年）匈奴骑兵入侵上郡（今陕西榆林东南）、雁门（今山西原平北），掠取汉皇室狩猎场的马匹，汉士卒2000余人战死。当时李广是上郡太守，曾与百余骑兵外出巡视，路遇匈奴数千骑兵。李广随从都害怕，想逃走，为李广阻止。李广认为大军离此数十里，如果以百骑逃走，匈奴骑兵勒马追赶，马上就会被斩杀；如果原地不动，匈奴兵会以为是大军的诱饵，必定不敢攻击。于是，李广命令部下前进至距匈奴阵2里左右，下马解鞍，以示不走。匈奴军中有一名白马将监军，李广率10余骑将其射杀于阵前，后回到军中更解鞍纵马，卧地休息。时近黄昏，匈奴骑兵迷惑不解，不敢攻击，以为汉军在附近有伏兵，入夜，匈奴军担心遭受汉大军袭击，于是向北撤退。天亮后，李广率军平安返回大营。

卫青任大将军屡败匈奴

元朔五年（前124年），卫青抗击匈奴捷报频传，汉武帝拜他为大将军，勉励他继续为国出力，保卫北疆。

前124年，匈奴右贤王屡次侵扰朔方（今内蒙古杭锦旗北）。抗匈名将卫青奉武帝之命，率领十万余骑兵从高阙、朔方出发，直向北进，深入塞外六七百里，以迅雷不及掩耳之势包围了右贤王王庭。右贤王仓皇北逃，汉军大胜，俘匈奴小王十余人，士兵一万五千余人和数百万牲畜。武帝闻之，龙颜大悦，特命使者持大将军印到军中，拜卫青为大将军，令诸将皆受其节制。

卫青任大将军后，又于元朔六年（前123年）四月再次统领六将军出击匈奴，激战于定襄。卫青英勇善战，再次击败匈奴，俘斩万余人。卫青成为抗击匈奴的重要军事将领。

刘縯、刘秀起兵

刘縯，字伯升，是南阳舂陵的一个大土豪，胞弟刘秀。他们兄弟是汉宗室，既富有资财，又广结豪侠，目睹天下大乱，早有所图。地皇三年（22年），绿林军新市兵、平林兵进至南阳，宛县人李轶、李通分别邀刘縯、刘秀商议起兵之事，以"刘氏复兴、李氏为辅"的谶言劝说他们起事。随后刘縯、刘秀联合，很快聚拢豪强子弟七八千人，称汉军；派族人联络新市、平林兵，共同攻下棘阳。从此，刘氏兄弟以反莽为旗帜，走上了利用农民起义以复兴汉室、争夺帝位的道路。

刘玄字圣公，南阳人，在绿林、赤眉大起义中加入平林兵，地皇四年（23年）二月，绿林军发展到十余万人，因军队无统一指挥，想立刘氏为帝，以其皇族威望统率各路兵马。

当时刘縯、刘玄都以皇族身份争夺帝位，而刘縯统率舂陵兵实力强大，为一些农民军将领所忌；刘玄却是只身加入平林兵，势单力薄，因此得到相当部分农民军将领的支持。故而新市、平林、下江各路将帅共同定策，立刘玄为帝。于是，在清水上，设坛场举行仪式，恢复汉朝，改元更始。

刘秀败莽军主力于昆阳

更始元年（23年），绿林起义军已发展到十多万人，起义军攻南阳、占昆阳（今河南叶县）、下定陵（今河南舞阳），节节胜利。王莽对此惊恐万分，他派大司马王寻、大司空王邑率领各州郡精兵四十二万，号称百万，向宛城进发，妄图一举歼灭起义军。五月到达颍川，与严尤、陈茂的军队会合，然后直逼昆阳，把昆阳城包围起来。城内起义军仅八九千人，力量单薄，但他们毫不畏缩。首领王凤、王常一面率众坚守阵地，一面派刘秀、宗佻、李轶等十三轻骑乘夜出城到定陵、郾城等搬请救兵。六月，刘秀等人集中万余起义军增援昆阳。援军在距莽军四五里的地方列成阵势，准备交战。刘秀仔细观察敌军阵势后，决定先发制人。他亲自率领步、骑一千人作为前锋，向敌军猛烈冲杀过去，击溃莽军调来迎战的一千余人。首战告捷，将士们大受鼓

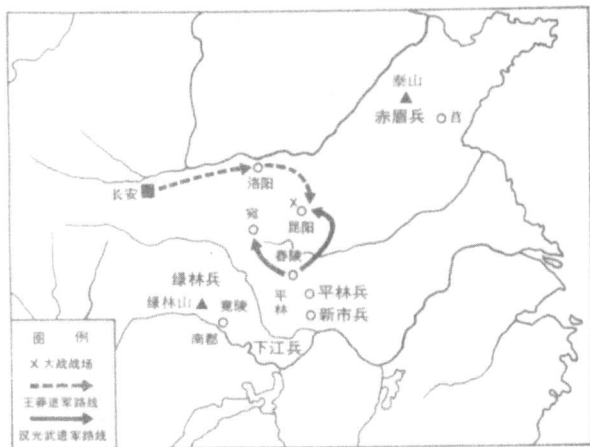

昆阳之战形势图

舞，准备乘胜前进。此时宛城已被义军攻破，但刘秀还没有得到消息。为了鼓舞士气，瓦解莽军，刘秀就制造了攻克宛城的捷报，射入城中，又故意将一些战报丢失，让莽军捡拾。攻克宛城的消息一经传开，城内起义军士气更加高涨，守城更加坚定，而莽军苦战一月，毫无进展，又听说宛城已经失守，士气更加低落。刘秀抓住战机，进行决战。他挑选三千勇士组成敢死队，迂回到城西，出其不意地渡过昆水，向莽军中坚发起猛烈攻击。王邑、王寻见起义军不多，亲率万余莽军迎战，并命令其余各军不许擅自行动。莽军接战不利，大军又不敢擅来相救；王邑、王寻军阵大乱，王寻被杀。守城义军也乘势杀出，内外合击，喊杀声震天动地。莽军全线崩溃，奔走践踏，伏尸百余里。这时又逢狂风暴雨大作，屋瓦皆飞，雨下如注，逃窜的莽军赴水溺死者又有万余人。起义军尽获其辎重，不可胜数。莽军四散逃走，只有王邑带领的长安兵几千人逃回洛阳。

昆阳之战从根本上摧毁了王莽的主力，取得了西汉末年农民起义的决定性胜利。

刘秀巡河北·击王郎、铜马

更始元年（23年）至更始二年（24年）刘秀借更始帝刘玄派他巡河北之际，打垮了王郎、铜马部队，壮大了个人势力。

更始元年（23年）十月，更始帝刘玄不顾一些将领的反对，派刘秀以破虏将军行大司马事的名义，持节渡河北上，镇抚诸郡。刘秀进入河北后，所过郡县考察官吏，黜陟能否，释放囚徒，废除王莽苛政，复汉官名，吏民喜悦，争持牛酒迎劳，但刘秀一概不受。南阳人邓禹追刘秀至邺，进说刘秀延揽英雄，收拢人心，恢复刘氏基业，安定天下。刘秀留下邓禹与定计议。更始二年（24年）正月，刘秀因王郎新盛，便北巡到蓟，但于二月遭到王郎与前广阳王之子刘接的联合反击。刘秀狼狈南逃，进退失据，直到退至信都后才算安定。既入信都，刘秀便以此为根据地，重新打出大司马的旗帜，号召附近的郡县，募兵四千人。他亲率四千人出击，占领堂阳、贳县。同时又派遣使节，联络王莽的和戎卒正（即太守）邳彤、昌城人刘植、宋子人耿纯，合兵攻陷下曲阳，很快兵力发展到数万人。刘秀随即带领这些部队北击中山，拔卢奴。同时号召各郡县发兵，共击王郎。郡县也多起而响应。于是连陷新市、真定、元氏、防子等地，接着与王郎的大将李育在柏人发生了遭遇战。正在这个时候，上谷太守耿况，渔阳太守彭宠，各派他们的将领吴汉、寇恂，带领大队骑兵赶来，更始也派遣尚书仆射谢躬带兵来讨伐王郎。于是刘秀大飨士卒，连兵围巨鹿，大败王郎之兵于南绩，随即进围邯郸，拔其城，捕斩王郎。

刘秀既斩王郎，声势大震于河北。刘玄怕他尾大不掉，便封他为萧王，令他罢兵回到长安。但刘秀自从兄长刘縯被刘玄杀掉以后，即下决心独树一帜，以求实现自己的政治抱负。如今既入河北，又如何愿意再回长安，自投罗网？加之他的部下怂恿，劝他自取天下，于是对刘玄托辞说河北尚未平定，不奉诏命。从此脱离刘玄的控制，而与之对立。

刘秀既然立志创造帝业，所以毫不犹豫地开始了屠杀农民军的行动。更始二年五月，刘秀拜吴汉、耿弇为大将军，持节发幽州十郡突骑以击铜马军。更始帝委任的幽州牧苗曾闻讯，暗中指示诸郡不得应调。吴汉、耿弇便斩掉苗曾，使幽州震骇，迫使诸郡都发兵相助。同年秋天，刘秀亲统大军击铜马于鄡，又命吴汉带领突骑会于清阳。铜马军粮草用尽，乘夜突围。刘秀大军追至馆陶，大加屠杀。正当此时，高潮、重连等部农民军从东南来，和铜马的余部会合，与刘秀大战于蒲阳。结果，因高潮、重连等农民军领袖背叛群众，大部分兵士，都被骗而改编为刘秀的创业之军。从此，刘秀便拥有数十万军队，一步步接近了皇帝的宝座。

马援破先零羌参狼羌

东汉前期散布于西北部的羌人时常发动叛乱。建武十一年（35年）夏，光武帝刘秀任命马援为陇西太守，马援派骑兵3000人，在临洮（今甘肃岷县）击败先零羌，斩首级数百，获马牛羊过万，守塞诸羌8000余人降汉。当时，先零羌诸种尚有数万人，马援和扬武将军马成深入讨击，大破诸羌，斩首1000多人。汉将投降的羌人迁至天水、陇西一带定居。建武十三年（37年），武都参狼羌与塞外诸羌联合作乱，马援率军讨伐，在氐道（今甘肃天水市西）与诸羌相遇。羌人因缺水少粮不得不逃出塞外，10000余人投降东汉，从此，陇西太平。马援击败先零羌、参狼羌，维护了陇西地区的安宁，促进了当地的经济发展和民族融合。

羌人墓葬。羌族与氐族是秦汉前青藏高原的主要居民，图为四川汶川县的羌人墓葬。

马援平定岭南

东汉时，在今越南北部设交趾、九真、日南三郡。大多数岭南蛮人部落都愿接受东汉政府的领导，但也有个别蛮人首领不愿遵从汉法而起兵反叛，交趾女子征侧、征贰即为代表。

征侧为雒越将军之女，因不满东汉政府的交趾太守苏定在当地贯彻法令，遂与其妹征贰发动叛乱，征侧自立为王，交趾、九真、日南、合浦等地皆有响应，掠掳达60余城。汉光武帝刘秀派伏波将军马援、扶乐侯刘隆率军前往镇压。建武十八年（42年）春，汉军与叛军战于浪泊之上，汉军大胜，叛军10000多人投降。马援率兵追逐征侧等至禁谿，叛军四散。次年正月，征侧、征贰被汉军斩首。接着，马援又率楼船两千余艘、战士20000余人，继续清剿征侧余党，岭南平定。东汉政府在镇压二征叛乱之后，在当地进行一系列经济、文化方面的建设与改革，如修治城廓，穿渠灌田，发展农业生产，纠正了越律与汉律相悖的条款，受到百姓的欢迎，对当地经济、文化的发展起了积极作用。

班超经营西域

　　建初三年（78 年），班超上疏请求发兵，准备平定西域诸国。建初五年（80 年），以徐干为假司马，率驰刑徒及义从（自愿从行者）兵 1000 余人支援班超。班超在援军支持下，首先击破番辰。元和元年（84 年），班超派疏勒、于阗兵进攻莎车，但莎车却以重利引诱疏勒王忠叛变。元和三年（86 年）疏勒王忠被处死，南道障碍扫除。章和元年（87 年），班超又联合于阗击败莎车。永元二年（90 年）五月，大月氏趁汉、匈主力正在塞外角逐之机，派 70000 军队由谢率领向班超进攻。班超坚定沉着、坚壁清野、以逸待劳，使

东汉铜弩

爬越帕米尔高原远道而来的大月氏军队攻城不下，又无所劫掠，同时，班超又派一军埋伏于去龟兹的东界路上，大月氏粮尽，谢果然派兵持金银珠玉去龟兹求救，结果被班超所埋伏的军队击杀，谢得知后大惊，只好向班超请罪，求得生还。从此，大月氏岁岁向汉朝进贡。

北匈奴及大月氏的失败，使西域反汉势力失去靠山，永元三年（91年），龟兹、姑墨、温宿都向班超投降。东汉政府委任班超为西域都护。永元六年（94年），焉耆、危须、尉梨等地臣服于汉。至此，西域50余国尽纳入东汉版图。

班超经营西域，为西域的开发，促进中原和西域的联系，维护祖国统一作出了贡献。

班勇北击匈奴再通西域

延光元年（122 年），汉政府以班勇为西域长史，率领军士前往西北，征讨匈奴，支援西域。

班勇是班超之子，一向主张收复西域。延光二年（123 年），班勇部队开进鄯善以后，龟兹王即率同其属国姑墨、温宿来降。班勇率龟兹之兵，进

铁门关。新疆库尔勒城北的铁门关，是古代丝绸之路由焉耆进入塔里木盆地的必经之地。

击匈奴，收复了车师前部。次年，又攻击车师后部，斩其王及匈奴使者。永建元年（126 年），班勇之军进至天山以北准噶尔高原，诛东且弥王，于是车师六国悉平。以后又更发诸国之兵，追击匈奴呼衍王，俘单于从兄，降其众 20000 余人，单于西遁。自是以后，天山南北，又无匈奴的踪迹了。当此之时，整个塔里木盆地唯焉耆未降。

永建二年（127 年），班勇和敦煌太守张朗分别从南北二道进军焉耆，全部平定西域。

自是以后，西域诸国虽内附，而乌孙及葱岭以西却脱离了东汉的统治，东汉的势力，从中亚退到葱岭以东了。同时汉在西域，亦不置都护，仅派长史，其声威远不及前世煊赫。

曹操起兵

中平六年（189年），董卓既专朝政，又拉拢士人为己所用，对在镇压黄巾军中已露锋芒的曹操较为赏识，封他为骁骑校尉。但曹操素有大志，知道董卓倒行逆施，不足以成事，便不受职，变易姓名，从小道逃归乡里。董卓大怒，行文郡县缉拿。逃跑途中曹操投宿故友吕伯奢家，其子五人依礼招待他，曹操却疑心吕家有害己之意，尽杀吕家八口而去。逃至中牟为亭长所疑，带至县府。当时捉拿曹操的公文已到中牟，功曹知道他是曹操，但考虑到乱世中不宜拘天下英雄，便请县令释放了曹操。曹操死里逃生，终至陈留（今河南开封东南）。当年年底，曹操利用在陈留的家财和陈留人卫兹的资助，组织起一支五千人的军队，起兵讨伐董卓。

关东联兵讨董卓·董卓迁都长安

　　初平元年（190年）正月，关东（古函谷关以东地区，古函谷关在今河南灵宝东北）各州郡牧因不满董卓专制朝政，纷纷起兵讨伐，共推渤海郡（今河北南皮东北）太守袁绍为盟主。董卓进京后任命的冀州（今河北临漳西南）牧韩馥、兖州（今山东金乡西北）刺史刘岱、豫州（今安徽亳州）刺史孔伷、陈留（今河南开封东南）太守张邈等都于此时参加讨卓。各州郡牧守均拥兵数万，盟主袁绍自号车骑将军，与河内（今河南武陟西南）太守王匡屯于河内；韩馥屯于邺城；孔伷屯于颍川（今河南禹县）。刘岱、张邈、东郡（今河南濮阳西南）太守桥瑁、山阳（今山东金乡县西北）太守袁遗、济北（今山东长清东南）相鲍信、行奋威将军曹操等屯于酸枣（今河南延津西南）；后将军袁术屯于南阳（今河南南阳）。董卓所部西北军素以善战著称，关东诸军不敢冒进，双方胶着于荥阳、河内一线。二月，董卓见关东军气势很盛，对洛阳形成威胁，决定迁都长安。迁都之前，董卓先毒杀前少帝弘农王刘辨；又因袁绍带头反对自己，大杀袁氏家族五十余人。接着董卓胁迫献帝迁都长安，并驱迫洛阳百姓数百万人同行。途中百姓遭军队抄掠践踏，加以饥饿劳累，死者不计其数。董卓又下令将洛阳的宫殿、官府、民房等全部烧毁，方圆二百里化为一片灰烬。董卓本人屯兵洛阳，与关东军相对抗。

关羽奔刘备

建安五年（200年）正月，曹操猛攻据守徐州的刘备，大破刘备军，刘备逃奔袁绍，而他的大将关羽却被曹军俘获。曹操对关羽优礼有加，想使他归附自己，但关羽并无留意。曹操便派张辽探询关羽的打算，关羽表白道，他深受刘备知遇之恩，并发誓以死相报，因此决不会背叛刘备。至于曹操对他

汉代驿亭（即兰亭），汉代在此设驿亭，由此得名兰亭，是汉代遗留的最早驿亭遗迹。

的厚待，关羽表示可以立即出战立功作为报答。当年四月，袁绍派大将颜良攻曹操军于白马（今河南滑县东北），曹操派大将张辽和关羽一道反击。关羽望见颜良的麾盖，便策马冲向敌军，于万军之中斩颜良首级而还，敌军惊退，白马之围遂被解除。关羽斩颜良之后，上书曹操告辞，自己径奔刘备去了。自此，关羽的忠义之名更加远播。

诸葛亮出《隆中对》

了解历史丛书

影响中国发展历程的100部军事著作

建安十二年（207年），刘备亲至襄阳隆中访问隐居在那里的琅琊名士诸葛亮。诸葛亮（181年—234年），字孔明，三国时期大政治家兼军事家，时称"卧龙"先生。刘备在荆州时，访贤若渴，司马徽和徐庶向他推荐诸葛亮。刘备三访隆中，才见到诸葛亮。刘备与诸葛亮在隆中畅谈天下大势和个人志向，并向诸葛亮求计。诸葛亮向刘备提出"东联孙吴，西据荆益，南和夷越，北抗曹操"的统一全国的方略。诸葛亮为刘备分析天下形势，建议他乘机夺取荆州、益州，以此二地为基业，据险要地势，坚守不放，然后与江东孙权结好，与西南少数民族融洽相处，在国内修明法度，广积粮草，整顿军队，

古隆中三顾堂

发展生产，充实地方实力，静静观望时局变化，一伺时机成熟，马上向北抗击曹操，统一全国，完成霸业。这就是著名的《隆中对》。刘备听后大喜，如鱼得水，于是请诸葛亮出山辅佐自己。从此诸葛亮成为刘备的主要谋士，也成为刘备集团中举足轻重的人物，为蜀政权立下了汗马功劳。而《隆中对》也就成为指导刘备集团斗争的路线。

曹操作四言乐府

曹操（155年—220年），字孟德，沛国谯（今安徽亳州）人，是汉末杰出的政治家、军事家、诗人。他的文学成就主要表现在诗歌创作方面。

曹操的诗歌创作继承了汉乐府民歌的现实主义精神和表现形式，他现存的近20首诗几乎都是四言乐府。这些诗虽沿用汉乐府古题，却没有因袭古辞古意，而是本着乐府民歌"缘事而发"的传统，随意抒情写事。曹操在四言乐府诗中反映的主要内容是汉末群雄杀伐，社会动乱的现实，同时抒发了他作为一个政治家忧时怜民的深沉感慨。《薤露

曹操像

行》描写了汉末大将军何进谋诛宦官事败，以致董卓作乱京师的史实。《蒿里行》在内容上紧相承接，诗中写道："……铠甲生虮虱，万姓以死亡。白骨露于野，千里无鸡鸣"。如实地展示了兵燹造成的惨景，对人民在军阀混战中遭受的苦表示了深切的同情。这两首诗乐府旧题本是挽歌，曹操用以写时事，故明人钟惺赞之曰"汉末实录，真诗史也"。曹操四言乐府诗的另一内容是抒写个人雄视天下的政治理想和自强不息的进取精神。这类诗具有较强的抒情色彩，其代表作有《短歌行》《龟虽寿》等。《短歌行》抒发了诗人对时光流逝而功业未成的感慨——"对酒当歌，人生几何？譬如朝露，去日苦多。慨当以慷，忧思难忘……"并反复咏叹了他思念贤才，完成统一事业的宏大抱负。《龟虽寿》中的"老骥伏枥，志在千里。烈士暮年，壮心不已"是千古传诵的名句，将诗人老当益壮，积极建功立业的英雄气概表现得磅礴酣畅。

曹操四言乐府诗的显著艺术特色是本色率真，不事雕琢。在《观沧海》一诗中，他以质朴的语言写出了宇宙的气象万千——"秋风萧瑟，洪波涌起。日月之行，若出其中。星汉灿烂，若出其里。"

曹操四言乐府诗的思想内容和艺术特色决定了其艺术风格是慷慨悲凉、气韵沉雄的。他开创了以乐府古题写时事的传统，其影响从建安时期一直延续到南北朝及至唐代。

陆逊败刘备于猇亭

蜀章武元年（221年）六月，刘备为了夺回荆州和替关羽报仇，急急出兵三峡，进攻孙吴。从当时形势上来说，应该恢复吴蜀联盟，共拒曹魏，而不宜加深蜀吴之间的矛盾，消耗削弱自己的力量，所以刘备部下多人进行劝阻。翊军将军赵云就这样认为：如先灭魏，则孙权自服，不应置魏不顾而与孙权作战，因为国贼是曹操而不是孙权。刘备不听，处士秦宓讲天时不利，被下狱。当时孙权也遣使求和，吴权臣诸葛瑾还写信给刘备，要他权衡关羽与献帝（当时传说献帝已被魏所杀），究竟谁亲？荆州和天下，究竟谁大？应该区别大小亲疏，决定先攻打谁。但刘备一概拒绝。七月，刘备亲自率领大军进攻吴国。他先派吴班、冯习带兵在巫县（今四川巫山）攻破吴将李异、刘阿，

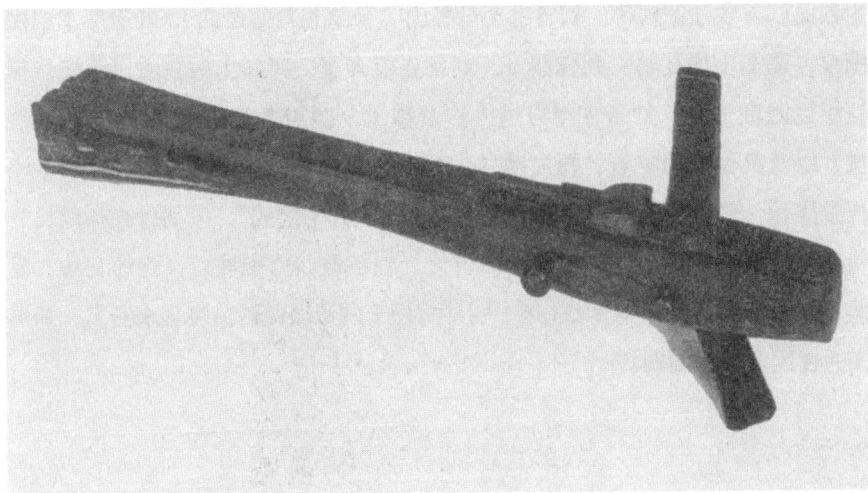

三国黄武元年弩。吴国远射兵器，由铜弩机和木臂两部分构成。

进军秭归（今属湖北）；然后以冯习为大都督、张南为前部督，将数十万大军分数十营驻扎于从巫峡东南的建平到夷陵（今湖北宜昌市东）一带数百里的地域间。又命黄权为镇北将军，驻军长江北岸，以防魏军。再遣使联合五陵少数民族首领沙摩柯，许以封赏，请他出兵相助。然后刘备亲率主力，越过夷陵而进驻猇亭（今湖北宜都县北），摆开了与吴国决战的阵势。

孙权请和不得，只好迎战。他命陆逊为大都督，率领朱然、潘璋、宋谦、韩当、徐盛、孙桓等将领及士卒5万人进行抵抗。两军对峙，吴国将领多次请求发动进攻，都被陆逊拒绝，因此很气愤，都以为陆逊畏惧刘备。陆逊则认为刘备举军东下，锐气正盛，而且据高守险，难以进攻，即使进攻获胜，也难以尽歼敌人。因此陆逊采取持重态度，收缩兵力，退出巫峡以东狭长的崇山峻岭地带，坚守不战，以观察对方弱点，寻找克敌制胜之道。至次年六月，刘备见久持不决，令吴班带领数千人平地立营诱敌进攻，陆逊并不上当。因相持过久，又值天气炎热，蜀军神情疲惫，意志消退。至闰六月，陆逊觉得决战时机已到。他见蜀军在炎炎夏日中连营数百里，决定采用火攻的办法。他在进行了一次试攻之后，即令士兵每人持茅草一把，火烧蜀营，蜀军大乱，陆逊乘胜率5万人同时发动猛攻，连破蜀军40余营，斩蜀将张南、冯习以及少数民族首领沙摩柯等。刘备逃至马鞍山（今湖北宜昌西北），陆逊率军四面围攻，蜀军土崩瓦解，死伤数万。刘备连夜奔逃，驿站士兵在隘口焚烧器械铠甲以阻断追兵，刘备才得以逃入白帝城（今四川奉节东）。蜀军舟船、器械，以及其他军用物资，损失殆尽，军队也大受杀伤。蜀将傅肜、从事祭酒程畿战死，侍中马良遇害。即历史上有名的"猇亭之战"，以刘备兴师伐吴开始，以吴国以少胜多、大败刘备而告终。刘备败归白帝城后，忧愤交加，发病不起，于蜀章武三年（223年）四月病死于白帝城西的鱼腹县永安宫。蜀国实力也因此大为削弱。

诸葛亮总结其军事思想

三国时著名的军事家诸葛亮，为蜀汉的建立及与曹魏、孙吴三分天下立下了汗马功劳。他一生征战南北，以善于用兵名闻天下。他撰有《兵法》五卷，总结其军事思想，可惜今天这些著作已遗佚。现存两部题名为诸葛亮撰的兵书《将苑》和《便宜十六策》，在论将、治军，用兵方面都有独到之处，在一定程度上反映了诸葛亮的军事思想，至今仍有很好的借鉴作用。

诸葛亮在《将苑》一书中主要论述对将帅的要求和将帅的作用。他指出，将帅必须始终掌握好兵权，指挥军队才能得心应手，否则就会像鱼儿离开了江湖，无所作为。因此，他主张慎重用将，选派将领时应该依据各人能力大小加以应用，不能不加区别胡乱遣将。在《将苑·将才》中，他列举了九种类型的将才，即仁将、义将、礼将、智将、信将、步将、骑将、猛将、大将。这九种将各有特点，要根据个性特征加以任用，以最大限度发挥各自的聪明才智。

诸葛亮还十分重视将帅的品德修养和能力养成，认为一个合格的将帅应该"贫贱不能移，富贵不能淫，威武不能屈"；善于用兵，把握敌我形势，运筹帷幄；还应刚柔相济，即具备"将志""将善""将刚"三个条件。另外，对将帅的模范作用，诸葛亮也极重视，他告诫将帅要以身作则，切忌贪得无厌、妒贤嫉能、犹豫不决等八种弊病和骄吝习气，避免谋不能料是非、政不能正刑法等八种不良现象，努力做一个善将，而不要成为庸将。

诸葛亮在历史上以善于治军而闻名。在《便宜十六策·治军第九》中，他将治军同国家安危联系起来，充分表现了他对治军的重视。他认为治军要重训练，以"教令为先"。训练包括军事技能和思想教育两方面，通过对士兵

古隆中。诸葛亮在此向刘备提出统一全国的谋略，即著名的《隆中对》

成都武侯祠

三国铜弩机。相传诸葛亮曾加以改进。

目、耳、心、手、足五个方面的专门学习（即《便宜十六策》中所说的"五法"），让他们掌握作战的基本知识和本领，使他们在军事技能和思想上得到基本训练，建立一支训练有素的队伍。为了达到这一目标，诸葛亮不仅在理论上，也在实践中强调以法治军，严明赏罚，从严治军，"赏赐不避怨仇，诛罚不避亲戚"，为后世树立了从严治军的榜样。

有了良好的将才和训练有素的军队，诸葛亮也注重谨慎用兵。他在《便宜十六策》中论述了用兵的一般原则，说"用兵之道，先定其谋"，主张在用兵之前做好谋划，并严守机密，知己知彼，有备而战，严格选将用兵。在实战中要求速战速决，进攻要快；在具体的作战方法上，诸葛亮在《将苑·战道》中，针对不同地形提出五种作战方法，此外，他还非常注意对作战对象的研究，提供不同的作战对象应有不同的应付方法和作战方式。这种研究战争的方法颇为可取。

诸葛亮在选将、治军、用兵等方面的军事经验，至今仍值得借鉴。《将苑》和《便宜十六策》所反映的诸葛亮军事思想，代表了三国时期军事思想的发展水平，在继承前人思想的同时有不少发展和创新，是中国古代军事思想宝库中不可缺少的组成部分。

晋军灭吴

晋武帝司马炎称帝后便着手准备灭掉吴国。晋泰始五年（269年），晋尚书左仆射羊祜都督荆州诸军事，经常操练士兵，增强军队的战斗力。同时羊祜镇守襄阳，经常与晋武帝在宫中商量盘算灭吴的大计，羊祜为晋灭吴做了大量的准备工作。晋咸宁四年（278年）羊祜病逝，司马炎任命杜预为镇南大将军都督荆州诸军事，以继续羊祜未竟的大业。

279年，杜预和王濬上表晋武帝请求发兵征讨吴国。朝廷中张华等主战派也努力排除贾充、荀勖等人异议，奉劝晋武帝发兵，司马炎同意了请求，任命张华为度支尚书，主持伐吴大计，掌管漕运粮饷，同时，下诏伐吴。

司马炎按羊祜生前所提方案，部署六路大军，20万人，以太尉贾充为主帅，冠军将军杨济为副统帅，齐头奔进，大举伐吴。

镇军将军琅邪王司马伷出涂中，安东将军王浑出江西，建威将军王戎出武昌，平南将军胡奋出夏口，镇南大将军杜预出江陵，龙骧将军王濬、巴东监军唐彬下巴蜀。

晋军一路所向披靡，所至皆克。晋咸宁六年（280年）正月，杜预攻向吴江陵（今湖北），正月十七日攻克江陵，斩吴江陵督伍延，于是沅湘以南至交、广州境，吴州郡均降晋。二月初一，王濬、唐彬率晋军水军从蜀顺流而下，击败吴丹阳监盛纪，吴人在江碛要害地方用铁锁拦截，又造大铁锥，长一丈余，放置江底，抵抗晋水军，王濬于是造大筏数十，顺水放筏，遇铁锥，锥都刺在筏上附筏而去，又造大炬，长十多丈，大数十围，用麻油灌满放在船的前面，遇到铁锁，就点着大炬把它烧断，于是晋水军船行无阻。二月初三，王濬攻克西陵；初五，再下荆门；初八，杀吴水军都督陆景；十八日，

　　吴国青瓷飞鸟百戏罐（局部）。此器盘口鼓腹，盘口上堆一葫芦形，葫芦形体上堆塑有百戏人物、鸟兽等。正面为三层庑殿式楼台，四周有头戴高冠的杂技乐舞人物。

西晋越窑堆纹瓶。堆纹瓶由汉代的五联罐发展而来，制作复杂，内容丰富，是三国西晋时越窑中的贵重器物。

王濬、王戎与胡奋共取夏口（今湖北武汉）、武昌（今湖北鄂县）。

晋太康元年（280年）二月，杜预与各路晋军于武昌召开军事会议，有人提出等来冬进军，但杜预认为晋军兵威已振，势如破竹，应一鼓作气，于是他向各路大将面授进攻方略，乘胜直取建业（今江苏南京）。果然，晋军扬帆东下，吴军非溃即降。

晋太康元年（280年）三月，晋龙骧将军王濬自武昌直取建业，吴帝孙皓遣游主将军张象率水军万人抵抗，吴军望旗而降，王濬兵甲满江，旌旗烛天，威势甚盛，这时王浑、司马伷都逼近建业，吴帝孙皓依光禄勋薛莹、中书令胡冲等的建议，分别派使者奉书给王浑、王濬、司马伷请降。三月十五日，王濬水军过三山（今江苏南京长江边），王浑要王濬暂停战事，王濬溶举帆直指建业，回报说："现在风向正合适，不能将船停下。"当日，王濬就率领八万士兵、百里船队进入石头城（今江苏南京北郊）。吴帝孙皓向王濬投降。至此，吴国灭亡。全国复归统一。

儒将杜预去世

西晋太康五年（284年）闰十二月，杜预去世。

杜预（222年—284年），字元凯，京兆杜陵（今陕西西安东南）人。祖父是三国魏尚书仆射杜畿，父亲为魏刺史杜恕。杜预出身于豪门世家，后来又娶司马昭的妹妹高陆公主为妻，官拜尚书郎。杜预对军事、政治、天文、地理等，都有极高的造诣，是西晋时期著名的将领和学者。曾修改历法，注解《晋律》。

杜预任度支尚书其间，提出50多条措施均为采纳而成绩卓著。咸宁四年（278年）七月，司、冀、兖、豫、荆、扬等6郡大水，又发生虫害，灾情严重。度支尚书杜预上疏，提出救灾方略：（1）决陂放水；（2）赊牛春耕。由于他提出的策略，既着眼于当时的饥荒，更有利于来年的恢复生产，积极可行，被晋武帝所采纳。黄河的孟津渡口，多少年来，一直是波涛汹涌，水流湍急，黄河两岸的船只常在这里发生船翻人亡的悲剧，阻碍了两岸经济的发展。历代的统治者都想在此建桥，而因种种原因失败。杜预经过精心计算，用古代联舟为浮桥的办法，终于建成了孟津桥。杜预还用齿轮相互推动的原理，建造连磨，可以用1头牛牵拉9磨；又在水车转动中同时使用几个舂米的机具，人们把它叫做"机碓"。杜预的这些发现，大大地促进了生产的发展。当时的人们，也因为他的博学多能，如同武库中无所不有，而送他以"杜武库"的美称。

"杜武库"是一名儒将。晋咸宁四年（278年）继羊祜任镇南大将军，都督荆州诸军事。太康元年（280年），率兵攻打吴国，下江陵，克吴荆州。晋封当阳县侯。出镇襄阳，为平吴之功臣。杜预多次上书欲辞都督荆州之职，司马炎都不肯批准。杜预博学多识，尤其精通《左传》，自称有"左传癖"。

撰有《春秋左氏经传集解》三十卷、《盟会图》、《春秋长历》及《女记赞》等著作。杜预在荆州任职期间，兴修水利，开杨口，起夏水达巴陵千余里，内泄长江之险，外面通零、桂漕运，促进交通运输。练兵讲武，兴办学校。还重修邵信臣遗迹，灌溉田地万多顷，荆州百姓深受杜预采取的措施的好处，时人尊称杜预为"杜父"。荆州还到处有歌谣称颂杜预说："后世无叛由杜翁，孰识智名与勇功。"

刘渊起兵

永安元年（304 年）八月，刘渊在离石（今山西离石）起兵反晋。

刘渊，字元海，新兴（今山西忻县）匈奴人。幼年拜师上党崔游，综览汉籍，尤好《春秋左氏传》、《孙吴兵法》。曾任左郎帅、北部都尉、五部大都督、宁朔将军。在随从祖右贤王刘宣时，谋求恢复匈奴势力，被推为大单于。晋永安元年（304 年），王浚与司马腾起兵征讨司马颖时，因为献良策，被司马颖拜为北单于、参承相军事。当司马颖挟惠帝败退洛阳的时候，刘渊为助司马颖，想起兵进攻鲜卑、乌桓，刘宣阻止了他。八月，司马腾向招跋猗㐌乞兵，在河西（今陕西、山西间黄河以西）击败刘渊。同月，刘渊在离石（今山西离石）起兵反晋，自称大单于。同年十月，刘渊迁都左国城，对众宣称："昔汉有天下久长，思结于民。吾，昔汉氏之甥；约为兄弟，兄之弟绍，不亦可乎！"于是，建国号为汉，刘渊即汉王位，尊蜀汉刘禅为孝怀皇帝，建元元熙。十二月，刘渊在大陵（今山西文水）击败司马腾，又派刘曜攻太原，占据泫氏、屯留、长子、中都等地；又派乔晞攻四河，占据介休。

石勒建赵国

汉光初元年（318年），石勒协助刘曜攻灭靳准的叛乱，刘曜即皇帝位，石勒进爵为赵王，两人之间逐渐产生了隙怨。石勒的部将劝他另起炉灶，自称尊号。前赵光初二年（319年）十一月，石勒在部下的拥戴下即赵王位，依照当年刘备在蜀、曹操在邺的故事，凭借河内等二十四郡创建了赵国，历史上将其称为后赵，这一年就称为赵王元年。石勒修建了社稷宗庙，营造东西二宫。又令法曹令史贯志收集旧律，编写《辛亥志》作为赵国法律，设置了经学祭酒、律学祭酒、文学祭酒。还设立门臣祭酒，专门负责胡人的诉讼，门生主书主管胡人的金钱出纳。还严厉禁止胡人凌辱汉族人。后赵把胡人作为国民，朝廷集会使用天子的礼乐、衣冠、仪物。任命张宾为大执法，总揽朝廷的行政事务，统领百官；石虎为单于元辅，主管军事事务，后来又赐爵为中山公。

石勒建立赵国之后，执法很严格，因为他自己是羯胡之人，所以对于"胡"字避讳很严。据说有一次有一个胡人喝醉了酒骑马闯到东门，当时宫殿已经修好，禁止随便闯门。石勒听到这事非常生气，严厉地责问守门的小官冯翥，冯翥战兢兢地忘了避讳，对石勒说："有一个喝醉了的胡人，骑马冲了进来，我们呵斥驱赶他，却不能和他说话。"石勒听了，笑着说："胡人本来就难以交谈。"马上宽恕了他。石勒命令张宾掌管选举法，下令公卿及各州郡每年举荐秀才、至孝、廉清、贤良、直勇的人各一名。到此，后赵立国，粗有纲纪。

两赵决战关洛·前赵亡

前赵光初十一年，后赵太和元年（328年）七月，后赵石勒命令石虎率领4万大军西进轵关，袭击前赵刘曜河东郡，占领50余县，又转攻蒲阪。刘曜亲领水陆精兵，北渡黄河，驰援蒲阪，在高侯大败石虎军，获其辎重粮草无数。石虎军枕尸200多里，石虎则逃奔朝歌。刘曜乘胜追击，挥师南下，攻击洛阳金墉城守将石生，决河水灌围金墉城。另外又分兵遣将进攻汲郡和河内。

石勒闻讯大为震惊，同年十二月，亲自率领石堪、石聪、桃豹、石虎诸路军马，共步兵6万，骑兵2.7万集结在成皋，驰援洛阳。从巩县渡过洛水，直至洛阳城下。刘曜得知，急撤金墉围城兵马，将10余万大军摆在洛水西岸，列阵南北10余里。石勒率兵4万入洛阳。十二月五日，两军在西阳门（洛城西面南头门）交战，刘曜兵大溃。刘曜受伤被石堪所擒。石勒大破前赵兵，斩杀5万多首级，尽歼刘曜主力。十一日，石勒班师回朝。令刘曜作书告谕太子刘熙投降，刘曜却令刘熙维护社稷，被杀。

前赵光初十二年（329年）正月，

两赵大战前赵溃败。图为后人绘两赵作战图。

太子刘熙与南阳王刘胤打算西保秦州，便弃长安退守上邽。关中大乱，长安部将蒋英、辛恕率众数十万投降后赵。同年八月，前赵南阳王刘胤率兵进攻长安，各地戎夏百姓起兵响应，长安城内守将石生坚守不下。九月，石虎率军大破前赵兵，乘胜攻陷上邽，擒杀刘熙、刘胤以及公卿将校等 3000 多人。又将关东流民、秦雍大族 9000 多人迁至襄国，在洛阳坑杀五郡屠各 5000 多人。至此前赵灭亡，共历 26 年。

前赵既灭，秦陇之地尽属后赵。氐王蒲洪、羌酋姚弋仲等向石虎投降。石虎表奏石勒，任命蒲洪总督六夷军事，姚弋仲为六夷左都督，管理氐、羌族地区。又迁移氐、羌百姓 15 万人至司州、冀州定居。

王猛入秦佐政

前秦永兴元年（357 年）五月，王猛归附秦东海王苻坚，甘露元年（359年）十二月，秦王苻坚起用王猛为相，勤修政事，使秦国大治，为秦统一北方奠定了基础。

王猛（325 年—375 年），字景略，北海剧县（今山东昌乐西）人，家于魏郡（今河南安阳）。他出身贫寒，博学多才，喜读兵书，善于谋略和用兵。前秦苻生即位后，为政暴虐残酷，滥杀无辜，前秦大臣纷纷要求易主，希望苻坚取而代之。永兴元年（357 年）五月，薛赞、权翼等与苻坚密谋，尚书吕婆楼又向苻坚推荐王猛。王猛与苻坚二人一见如故，讨论废兴大事，异常契合。元年六月，苻坚等发动政变，杀苻生，自称大秦天王，改元永兴，起用王猛、权翼、薛赞等辅助朝政。

苻坚任用王猛辅政，遭到以氐人豪族樊世为首的宗亲勋旧的不满和忌恨。永兴二年（358 年）九月，朝臣聚会议事，樊世与王猛在苻坚面前争论，樊世想杀王猛，苻坚大怒，下令处斩樊世。王猛因此声势大振。王猛为政严而不苛，对权贵豪强乱法则惩处严厉。甘露元年（359 年）八月，王猛被任命为侍中、中书令，兼领京兆尹。当时皇太后之弟强德屡次犯法，又酗酒横行，掠人财货与子女，深为长安百姓所患。王猛甫受任即将强德斩于市，随后又诛杀贵戚豪强 20 余人，百僚震肃，奸猾敛迹。苻坚感叹说："吾始今知天下之有法也！"于是更加信任王猛。苻坚先后任命王猛为吏部尚书、太子詹事、左仆射、辅国将军、司隶校尉等。此时王猛年 36 岁，一年之中 5 次擢升，权倾内外。建元八年（372 年）六月，王猛再次升任丞相、中书监、尚书令。

王猛任职 18 年，综合儒法，选拔廉明，讲求实效，政绩斐然。除政治上采取一系列整治措施外，他还选贤任能，法简政宽，使百姓安居乐业。在经济上，他劝课农桑，开放山泽，鼓励发展农业生产，以至田畴开辟，仓库充实。在文化上，他广兴学校，促进氐、羌的汉化，有利于民族融合。他执政期间，"关陇清晏，百姓丰乐"，前秦呈现出小康景象。

秦晋淝水大战

东晋太元八年（383年）十一月，前秦、东晋会战于淝水，前秦大败。

前秦建元十二年（376年）底，前秦灭代，基本上统一了北方，与东晋相峙于淮水一线，并准备征伐东晋。建元十八年（382年）十月，苻坚召集群臣商议，要亲率大军南下，讨伐东晋。群臣有的表示赞同，有的则持相反的意见。其弟苻融也表示反对，认为前秦连年作战，将士已疲惫不堪，且国人又不愿与晋结怨，这样出征，利少弊多。太子苻宏、沙门道安、宠姜张夫人及幼子苻诜也先后劝谏，但苻坚不听，仍然固执己见。而当冠军将军、京兆尹

淝水之战示意图

慕容垂别有用心劝苻坚伐晋时，苻坚便大喜过望，认为"与我共定天下者唯有你一人"。于是伐晋之事决定下来。

建元十九年（383年）七月，苻坚下诏大举伐晋，百姓每10丁中抽1人当兵（门弟较高的富家子弟），年20以下身体强健者都授羽林郎官号，以秦州主簿赵盛之为少年都统。八月初，苻坚派遣阳平公苻融督张蚝、慕容垂等率步骑25万为前锋，以兖州刺史姚苌为龙骧将军、监督益梁诸州军事。苻坚则亲自长安出发，率步兵60余万，骑兵27万，旌旗相望，前后千里。东晋闻讯后，任命尚书仆射谢石为征房将军、征讨大都督，以徐、兖二州刺史谢玄为前锋都督，与谢安子辅国将军谢琰、西中郎将桓伊等率兵8万迎敌，又命龙骧将军胡彬率水军5000援救寿阳（今安徽寿县）。至此秦晋之战一触即发。十月，前秦军前锋渡过淮水，攻下寿阳，生擒晋平房将军徐元喜。晋将胡彬闻知后退保硖石（今安徽寿县西北）。苻融命将军梁成率兵5万屯驻洛涧（今安徽淮南东淮河支流洛河），截断淮水水道，使胡彬无法东撤，同时又巩固了寿阳前秦军防务。谢玄军主力自东向西推进，因惧怕前秦兵，驻兵于洛涧东25里处。苻坚为消灭胡彬部，亲率兵8000自项城赶赴寿阳，并派出东晋降将朱序劝降晋军。朱序私下为谢石出谋，趁秦军尚未集中之机出击，或

后人绘淝水之战图

许可击败秦军。谢石接受朱序建议于十一月初命前锋刘牢之率北府精兵 5 千渡过洛涧击败秦军，阵斩秦将梁成。秦军溃退淮水，士卒溺死者 1.5 万人。刘牢之纵兵追击，生擒秦扬州刺史王显等。秦军兵败退逃往寿阳。

东晋洛涧大胜后，乘势水陆并进，屯军于淝水东岸，与秦军隔水相望。十一月二日，谢玄派人前往苻融营中，要求秦兵稍稍向后移转，使晋兵渡河决战。苻坚与苻融打算趁晋兵渡河之机，突然以铁骑出击以打垮晋军，便同意谢玄建议。但由汉人及各族被奴役者组成的秦军不愿再战，听到命令后，一退不可收拾。这时被秦军俘获的晋将朱序乘机在阵后大喊：秦兵败了！秦兵败了！秦军阵势大乱，晋兵乘势渡河猛攻。苻融欲阻止秦军退却，却于乱军中落马被斩。秦军群龙无首，溃不战军，谢玄乘胜追击，直杀至寿阳城西 30 里处。秦军溃逃时，听到风声鹤唳，以为是东晋追兵，自相残踏而死者无数。苻坚身中流矢，单骑北逃。淝水之战遂以前秦的惨败和东晋的大捷而结束。

苻坚回长安不久，于 385 年被羌族将领姚苌刺杀，前秦瓦解。

高欢起兵废立·控制北魏朝政

普泰元年（531年），尔朱世隆等废长广王元晔，立广陵王元恭为帝，即节闵帝，改元普泰。魏镇远将军崔祖螭等聚青州七郡之众，围攻东阳；接着，幽、安、营、并四州行台刘灵助起兵，自称燕王；未几，魏前河内太守封隆之等盘踞信都，归附高欢，悍然发难。

雄据晋州（山西临汾东北）险要的高欢见时机已经成熟，于普泰元年六月在信都起兵，讨伐尔朱氏。高欢是北魏初年右将军高湖的曾孙。高欢自幼长育于鲜卑人之中，后娶妻亦为鲜卑女子；并且他自呼其名为贺六浑，这也

西魏时期敦煌二八五窟南壁壁画。南壁以横卷式为基本结构单元。壁面上沿垂帐纹下画伎乐飞天一列，共十二身。飞天以下为横幅《五百强盗成佛》故事画，其西端为《释迦多宝并坐》。下部四个禅室，均以花鸟、忍冬、火焰纹为龛楣装饰；龛楣之间穿插因缘故事画《沙弥守戒自杀缘品》和本生故事画《施身闻偈》。最下为药叉装饰带。

是鲜卑名。故一般说高欢家族是鲜卑化的汉姓。高欢年轻时做过函使，即信差。高欢也曾参加过破六韩拔陵、杜洛周、葛荣等的起义。从杜洛周义军中逃奔葛荣，又从葛荣军中逃奔尔朱荣，取得尔朱荣的信任，担任其亲信都督，升任晋州刺史。

高欢在信都起兵后，一方面与地方势力高乾、封隆之串连，一方面又采取种种手段笼络民心。他诈言尔朱兆将以六镇降户配给契胡为其部属，激怒六镇降户。同时，他又伪造并州兵符，征兵万人讨伐部落稽胡，并暗中密嘱部下拖延出征日期。出征之日，高欢亲自送六镇降卒及所征新兵到郊外，洒泪握别，于是"众皆号恸，声震原野"。高欢告谕士卒：现在从信都开赴并、汾两州征战是死，误了军期又当死，配契胡也是死，大家认为该怎么办呢？众人道：只有反了！高欢就是这样以六镇降户为基础，并联络汉人大族，起兵攻打契胡尔朱氏的。

高欢起兵以后，士气很盛，一路攻城略地，捷报频传。普泰元年十月初六，高欢听从孙腾之计，仿曹操"挟天子以令诸侯"，于信都立渤海太守、安定王元朗为帝，即位于信都城西，改元中兴，高欢自任丞相。中兴二年（532年）正月，高欢攻占了邺城。尔朱氏赶快集中了兵力二十万，尔朱兆、尔朱天光、尔朱度律、尔朱仲远同会于邺，与高欢决战于韩陵（今河南安阳市东北）。当时高欢战马不足两千，步兵不满三万，众寡悬殊。高欢于是破釜沉舟，布下圆阵，将牛驴牲口系在一处以堵塞归路，使将士有必死之志。死士之志，足以一当十。尔朱氏大败。韩陵一战，尔朱氏元气大

西魏立兽

伤，高欢则为其霸业奠定了坚实的根基。

高欢击败尔朱氏大军，在当年四月基本控制了全局，进入洛阳后，高欢废元朗，又将节闵帝元恭幽囚于崇训佛寺，拥立平阳王元脩即位，改元太昌。魏孝武帝元脩即位后，立封高欢为大丞相、天柱大将军、太师，世袭定州刺史；又任命高欢之子高澄为侍中，开府仪同三司。高欢于是在晋阳险要之地建大丞相府，遥控北魏朝政。十二月，魏改元永兴；不久，又改元永熙。

宇文泰大败高欢

北魏分裂为东西魏，大统元年（535 年）七月，宇文泰列高欢 20 条罪状，声讨高欢；高欢也声言领兵西讨逆徒。宇文泰与高欢两大集团公开翻脸，各举雄兵，一时间战祸四起，烽火连天。

西魏大统三年（537 年）八月，西魏发生大饥荒，宇文泰发兵讨伐东魏，

东魏邹广寿造思惟像。东魏思惟像莲冠大而低，颈长肩小，腰身细长，衣褶简括劲挺，此尊具代表性，且雕造精细。

攻陷贮粮要地恒农，就地补充军粮。高欢见自己的粮仓被劫，大怒，马上派大将高敖曹率 3 万人去取恒农，将恒农团团围住；自己亲率 20 万大军，自蒲津渡过黄河，浩浩荡荡，杀奔长安，欲与宇文泰决一死战。

宇文泰见高欢来势凶猛，又怕高欢军一入长安引得民心大乱，遂决定趁其尚未立稳脚跟，来一个兜头痛击。于是率轻骑渡过渭水，前来迎战。十月，宇文泰部到沙苑（今陕西大荔南洛、渭之间）安营，距高欢军 60 里。宇文泰一面察看地形，一面派探马去打探高欢军情。探马尽得高欢军虚实，立即回报。宇文泰与

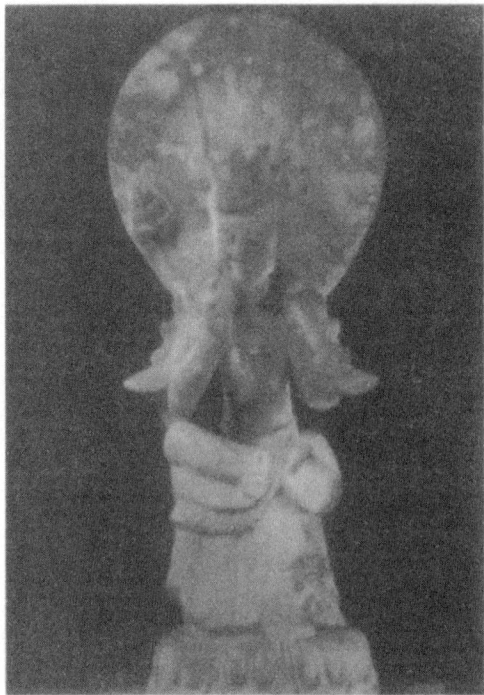

众将谋定，将部队分居左右，各为方阵，将士都埋伏在芦苇丛中，在渭曲待敌，闻鼓出击。

东魏军人多势众，军力为西魏军的20倍，一路开来，趾高气扬，士心骄怠。宇文泰亲自击鼓，士兵从芦苇中跃出，左右两支往中横冲，东魏兵一时被断为两段，难以照应，顿时阵脚大乱。东魏军尽在明处，全军暴露；西魏兵鼓声响处，一呼而起，奔涌出来。东魏兵不知虚实，四散逃窜。宇文泰率军掩杀，高欢大败，连夜渡黄河逃回。沙苑一役，东魏损失甲士8万人，弃铠甲兵器18万，遭受惨败。高敖曹得知高欢败回，也撤恒农之围，回保老帅。宇文泰乘胜追击，黄河以南四州都降西魏。宇文泰以1：20的绝对劣势，力克强敌，凯旋回师。

宇文泰创府兵制

西魏大统九年（543 年），西魏宇文泰正式创建府兵制。

西魏大统八年（542 年），宇文泰开始创置六军，按相传的周制，每军12500 人。当时兵源为关陇豪右的亲党和乡人，军队统帅由大小豪右充当。实质上，这是由氏族血缘关系组成的地方军队。这就是最早的"府兵"。这支军队战斗力并不强，在次年的邙山战役中被歼过半。自此以后，宇文泰蓄心创建更完整的"府兵"。

魏初设有"柱国大将军"的官职，此衔位高权重。尔朱氏当权时，尔朱荣曾当此职，地位也随之高过宰相。大统三年（537 年），西魏文帝封宇文泰为柱国大将军，此后有官显功高的朝廷重臣，也领过这个职衔。任柱国大将军的共有 8 人，即安定公宇文泰，广陵王元欣，赵郡公李弼，陇西公李虎（唐高祖李渊之祖），河内公独孤信，南阳公赵贵，常山公于谨，彭城公侯莫陈崇。8 人中宇文泰权势最重，监督各军，总揽兵权；元欣因为是宗室，不过挂个空名，过问一下政事，并无实权。其余六个柱国大将军分统六军，每人各统两个大将军，六军中共有 12 个大将军；每个大将军又各统两个开府将军，共 24 个开府将军；而每个开府将军各领一个军，实际上有 24 个军。这支新建的府兵到大统十六年（550 年）已初具规模，比大统八年"初置六军"时，人员多了四倍，总计达 30 万之众。

新建六军的最高统帅合称为"八柱国"，取意于八个柱国大将军。24 个官中，每军下设仪同将军，以下团有大都督，旅有帅都督，队有都督等中下级军官。当时，西魏全国共设 100 个"府"，从民间选有才力者为府兵。府兵本身的租税劳役征调，一切免除。府兵平时务农，农闲时操练。他们的马畜粮食，一律由统军的六个柱国大将军统筹，另外每府设一个郎将，郎将负责管理征集、行役、退役等事务。兵士根据户等高下，丁口多寡，才力强弱进行选拔，户籍属于军府，不属于郡县。由于具有"私兵"性质，府兵的战斗力很强。这就是由宇文泰创建的西魏府兵制。到了北周时府兵制已有变化，隋唐之际则由发展完备以至于逐渐衰亡。

突厥伊利可汗崛起

伊利可汗（？—553 年），突厥第一代可汗，姓阿史那氏，名土门。突厥部落在伊利可汗的率领下，通过军事征服建立起强盛的突厥第一汗国。

突厥，是匈奴的别种，秦汉时居住在平凉，匈奴灭之后，南迁至高昌的北山（今博格达山），后又迁至金山（今阿尔泰山）南麓。5 世纪，突厥被柔然征服，世代给柔然当锻奴。6 世纪初，柔然在与高东的战争中失利被迫东迁，因而放松了对突厥的控制，客观上给突厥的独立发展提供了有利时机。突厥乘机南下，将其势力扩张到河套地区，开始掠夺西魏的连谷（今陕西神木县北）。544 年，突厥酋长阿史那土门派遣使节通西魏，西魏丞相宇文泰派遣酒泉昭武九姓胡安诺槃陀出使突厥。与此同时突厥开始对相邻民族进行征服，兼并。546 年，阿史那土门率部降服铁勒，将其部众五万余人全部兼并，势力蒸蒸日上。551 年，阿史那土门向柔然可汗求婚，遭到拒绝，于是他转而

突厥墓前石刻

向西魏求婚，西魏将长乐公主嫁给了他。从此突厥断绝了同柔然的隶属关系，开始反抗统治着漠北高原的柔然。552年，土门率军重创柔然，柔然可汗阿那瓌自杀。次年，阿史那土门自立为伊利可汗，建立突厥汗国，汗庭设在郁督军山（亦作乌德鞬山，于都斤山即今杭爱山北山）。伊利可汗建立的游牧汗国（552年—630年）常被称为突厥第一汗国或突厥前汗国。汗国被视为可汗的私产，可汗之下设28等官职。建立汗国一年后，伊利可汗死，其子科罗立，号乙息记可汗。

了解历史丛书

影响中国发展历程的100部军事著作

宇文泰仿古建六官

北周陈海龙等造四面像碑

西魏恭帝三年（556年），大丞相宇文泰接受苏绰、卢辩建议，开始仿照《周礼》官制，实行复古色彩的六官制度。六官，指天官、地官、春官、夏官、秋官、冬官六府机构。天官府，设大冢宰卿一人为长，小冢宰上大夫二人为副。北周初，五府总于天官，大冢宰成为百官之长，相当于宰相之职。后，武帝亲掌军政大权，大冢宰无权统辖五府，成为宫廷事务总管；地官府设大司徒卿一人为长，小司徒上大夫二人为副负责土地、户籍、赋税等事务；春官府设大宗伯卿一人为长，小宗伯上大夫二人为副，负责礼仪、祭祀、历法、乐舞等事务；夏官府设大司马卿一人为长，小司马上大夫二人为副，负责军政、军备、宿卫等事务；秋官府设大司寇卿一人为长，小司寇上大夫二人为副，负责刑法狱讼及诸侯、少数民族、外交等事务；冬官府设大司空卿一人为长，小司空上大夫二人为副，负责各种工程制作事务。

六官之制成为北周王朝中央政府主要组织形式，直至隋文帝杨坚代周称帝，于开皇元年（581年）恢复晋以来发展形成的三省制度，六官制才被废除。

萧道成专权擅宋政

宋升明元年（477年）七月七日，萧道成废杀宋后废帝刘昱，擅权宋政。

肖道成，字绍伯，原为兰陵郡（今在山东）人。东晋南渡，先祖有意举族随迁，侨居晋陵郡武进县（今江苏常州）。当时萧氏为寒族，仕宦难得显赫。后来，萧氏有一女嫁彭城刘翘为继室，成为刘裕的后母。刘裕称帝建宋后，萧氏作为外戚，仕宦才有转机。宗族中人萧思话曾官至中书令，萧道成之父继承其位，官至冠军将军。萧道成少好学。宋元嘉二十三年（446年），始为雍州刺史萧思话左军府中兵参军。因军功，明帝时官至太子左卫率。明帝卒，遗诏以萧道成为右卫将军，参掌机务。与袁粲、褚渊、刘秉共同辅政，

南齐王慈所书《尊体安和帖》及《郭桂阳帖》

当时号称"回贵"。

明帝之后，刘昱 10 岁即位，初惧太妃，畏大臣，未敢放纵。稍大后便肆无忌惮。喜欢外出，从者皆执铁矛，行人男女及犬马牛驴，遇之无一幸免，一日不杀人，则惨然不乐。官中大臣也惊惶不已。萧道成时为中领军，亦受刘昱猜忌。为自保，萧道成遂与越骑校尉王敬则及刘昱左右刘玉夫等勾结，于宋元徽五年（477 年）七月废杀刘昱，立安顺王刘准为帝，是为顺帝，改元升明。自此，萧道成进为司空、录尚书事、骠骑大将军，总揽军国大事，布置心腹，事事自专。

升明元年（477 年）十二月，湘州刺史王蕴与袁粲等密谋杀萧道成。事情泄露，萧道成派禁军镇压，城陷，袁粲等均被杀。升明二年（478 年）二月，宋任侍中柳世隆为尚书右仆射，褚渊为中书监，卫将军萧赜为江州刺史，侍中萧嶷为中将军。尚书左仆射王僧虔为尚书令，加萧道成为太尉，都督南徐等十六州诸事军，赐黄钺，于是权力归萧道成。升明二年（478 年）三月，将帅黄回不愿在郢州固求南兖，遂率部曲东还，被任命为南兖州刺史。四月，萧道成恐黄回背叛反对他，历数其罪而杀黄回。升明二年（478 年）九月，太尉右长史王俭私下对萧道成说："自古以来，功高不赏，屡见不鲜，凭您今日之地位，难道终生为臣？"劝萧道成篡位。王俭于是提议加封萧道成。宋帝乃下诏任萧道成假黄钺大都督中外诸军事、太傅，领扬州牧，可以持剑入殿，入朝不趋，赞拜不名，使持节、太尉、骠骑大将军、录尚书，南徐州刺史如故。

萧道成灭宋建齐

宋升明三年（479年）三月，宋升太傅萧道成为相国，总百揆，为齐公，加九锡。四月一日，进齐公为齐王，再增封十郡，并加齐王殊礼。

宋升明三年四月二十日，萧道成派人逼宋顺帝下诏禅位。二十一日，宋顺帝临朝，但不肯出来。太后害怕，亲自率宦官在佛盖之下找到宋顺帝。于是迫宋顺帝行禅让礼，并把他迁到东邸。宋司空兼太保褚渊奉玺绶百官到齐宫劝萧道成登位。二十三日，萧道成即皇帝位，国号齐，改元建元。是为齐太祖高皇帝。史称南齐或萧齐。降宋顺帝为汝阴王。筑宫丹阳，设卫士守之。迁宋神庙于汝阴。诸王皆降为公。宋、齐的官僚，依任旧职。建元元年（479年）六月，齐立王太子赜为皇太子。

齐建元元年四月，萧道成提倡节俭，禁宗室经营屯邸。东晋以来，由于公私田地渐被瓜分殆尽，王公贵族将注意力转移到历来作为公共财产的山林湖泽上。他们设立了名之

萧道成像

为"屯"的专门组织，进行封山掠湖的活动。朝廷屡禁不止。到宋大明初年（457 年），朝廷见禁止不行，改而采取限制的政策，规定须按官品占领山湖，官品高者占多。王公贵族暴富之后，又将财物大放高利贷，他们经营高利贷的店铺，称为"邸"。萧道成即位之初，鉴于刘宋因为奢侈而亡国，所以提倡节俭。下诏："二宫（即上宫皇子，东宫皇孙）诸王，均不得营立屯邸，不得封山封湖为己有。"建元元年四月，萧道成又下令禁止募部曲。萧道成在位 4 年间，还采取一项重大措施，即督顿户籍。

萧齐国与刘宋一样，为了争夺权力，宗室间不断互相残杀。因而传国不永，凡七帝 23 年。萧道成死后，萧赜即位，为齐武帝。齐武帝死后，萧道成的侄子萧鸾父子相继即位。他们怕萧道成及萧赜子孙夺权，便进行大肆屠杀。在齐宗室互相残杀中，萧道成的族弟萧衍在襄阳起兵，攻进建康，称帝，建立梁朝。

陈霸先建陈

陈霸先（503年—559年），字兴国，小字法生。原籍颍川，南渡为吴兴长城（今浙江长兴）人，从小家庭贫寒，却好读兵书，初仕乡为里司，后至建康，为油库吏，后为新喻侯萧映传教，萧映当时是广州刺史，于是陈霸先随萧映来到广州，为中直兵参军。因陈平乱有功，被提拔为西江督护，高要太守，不久又因平交州李贲乱事有功，梁武帝萧衍亲自召见他并授予直阁将军，封号新安子，侯景发动叛乱时，陈霸先募集士卒3万人，与王僧辩联合讨伐侯景，平定叛乱后，又因功受赏，以功为司空，领扬州刺史，镇京口。

西魏破江陵时，萧绎（梁元帝）死难，陈霸先与王僧辩其迎晋安王萧方智为帝（梁敬帝），北齐趁江南动荡，以大兵临江，强迫被北齐俘虏的贞阳侯肖渊明替代萧方智为帝，王僧辩在这种危急的情况下惧怕北齐过江，加上他有自己个人的打算，所以接受了北齐的要求，当然他这种举动遭到了江南人民的强烈反对。

就在此时，陈霸先乘机从京口

陈霸先像

起兵偷袭石头城，杀死王僧辩，废掉已被王僧辩拥立的萧渊明，重新拥立萧方智为帝，自此以后，陈霸先是借自己的文韬武略，有力地击却了北齐的南下侵略，铲平了王僧辩余党的反叛行为，在自己地位巩固后，陈霸先矫诏封自己为陈公，不久以后，又晋封自己为陈王，557年陈霸先在十月六日，逼迫自己拥立的萧方智让位于己，梁朝至此灭亡，共历四帝五十六年，十月十日，陈霸先称帝，国号陈，建元永定。

陈霸先设无遮大会

　　侯景叛乱反梁时，建康佛教寺院经常遭兵乱骚扰，以致大多变为废墟，陈霸先称帝之初，即有意复兴佛教。

　　南齐时，僧统法献于乌缠国得佛牙，藏于建康定林上寺，梁天监末，归摄山庆云寺沙门慧兴保管，慧兴临终，交给其弟慧志，承圣末江南动荡，慧志密送之于陈霸先，陈霸先于称帝后第5天，也就是永定元年（557年）十月十五日，即从杜姥宅取出佛牙，设无遮大会，亲临膜拜，不久，又修复建康被毁佛寺700所，造佛像100多万躯，以及陈氏先祖等身像12躯，次年（558年）五月二十九日，陈霸先更效仿梁武帝萧衍，往大庄严寺舍身，三十日，群臣表请还宫，十二月五日，又亲往大庄严寺设无遮大会，舍乘舆法物，群臣备法驾奉迎，即日还宫，后来，陈叔宝（后主）亦曾往弘法寺舍身，君主带头崇佛，臣民自然竞相仿效。于是，佛教很快在陈朝复兴。

杨坚灭宇文氏建隋

杨坚出身于关陇名门贵族，他的女儿嫁给周宣帝做皇后。大象二年（580年），宣帝死，静帝年幼无力统辖朝政。在山东士人李德林和高颎的帮助下，杨坚入宫辅政，被称为大丞相，总理朝政大小事宜。

杨坚入宫后，身体力行革除宣帝时期许多苛政峻法，制订了《刑书要制》；准许汉族人放弃鲜卑族而恢复自己原来的姓氏；他还提倡国民必须节俭才能强国富民。这些举措都对于久处于纷乱艰辛的人们予以莫大的希望，顺民意、合民心，取得了人民的信任和拥护，在推行政举的过程中取代北周宇文氏的迹象更加明显。

北周贵族眼见自己的朝廷逐渐被杨坚所掌握，不甘失败。赵王招、陈王纯、越王盛宗、代王正、滕王五王会集长安，企图兵变，想在宴会上暗暗埋伏士兵将杨坚杀死，杨坚不知是计，只带了大将杨弘、元胄前去。席间，赵王几次下手，幸亏元胄舍命相救杨坚才脱险。后来，杨坚以谋反罪将五王全部杀死。自581年二月开始，杨坚听从宰相虞庆则的建议，要消灭北周宇文氏皇族以求消除隋朝的一大隐患，于是便大开杀戒。五月二十三日，为断绝北周皇统，巩固自己的统治，秘密杀害了周代的末代皇帝、隋介国公宇文阐，宇文阐当时只有9岁。

大定元年（581年），杨坚废周称帝，改国号为隋，改纪年为开皇元年，定都长安，史称隋文帝。杨坚利用种种手段就此实现了他改朝换代的夙愿。

杨坚建立新体制·加强中央集权

隋朝的建立是中国由分裂走向统一的又一个开始，历史上起到了承前启后的作用，为盛唐的到来奠定社会基础，它所创设的许多体制都开历史的先河并为后世所仿效。

文帝即位初始，就洞察北周官制之积弊。为了巩固自己的统治，大力加强中央集权，他果断地废除北周模仿《周礼》所置六官，取而代之的是三省六部制，即尚书、中书、门下及吏、户、礼、兵、刑、工六部，这样中央官职分工明确，互不交叉，效率有了极大提高，地方则废郡设州县两级，裁撤冗员，有利于中央对地方的控制。为了笼络人才，文帝首创科举制，从此庶族寒士也有大量机会得到提升，许多知识分子都苦读经书谋求官职，这无疑为中央加强控制地方创造了客观条件。在文帝南征北战统一过程中，这些出身贫寒而得以重用的官员发挥了重大的作用。

对于地方官制，隋朝废除了辟署制度，革除了州县辟署制度的种种弊端。自汉以来，州郡长官由中央任命，但其佐僚都由州郡长官自行任命，这样便形成独霸一方的世家地方豪强，大大削弱中央集权。隋朝废除辟署制后，凡九品以上官吏均由中央任命，吏部考核。后来，隋文帝针对南北朝以来地方官制分州郡县三级而滥设机构的现象进行改革，废郡而改设州县两级，州设刺史，县设县令。

583年，杨坚根据苏威轻徭薄赋的建议而全面改革赋税制度，将男子成年年龄改18岁为21岁，每年服役由1个月改为20天，纳绢2丈。到了590年又规定农民年满50岁便可免纳庸税，604年又诏令免除妇女、奴婢、部曲的课税，这些对于减轻农民负担、促进国家富强有积极作用。

581年六月，隋文帝下令改革部分礼制，规定必须依据《礼经》进行宗庙活动，放弃北周旧制而采用东齐的做法。对于服饰的颜色着装也作了新的改革，戎服为黄，常服可用杂色。七月七日，文帝开始穿上黄衣服，在常服上百官与庶人同样。杨坚朝服唯有13环带与臣民不同。

　　581年，隋朝建立后，隋文帝命令高颖、郑译、裴政等人在北周、北齐的刑律基础上制订新刑律，到十月完成颁布，史称《开皇律》。新的刑律将刑名分为死、流、徒、杖、笞5种，废除了鞭、枭、宫等酷刑，对徒、流的判决也放宽很多。583年隋文帝又命苏威、牛弘修订，除死罪81条，又增加"十恶之罪"，首创分名例、户婚等12篇体例，总体上苛刻程度较以前轻。《开皇律》的颁布对后世产生了巨大的影响。

　　另外，隋朝还颁布了均田令；统一货币流通，铸造五株钱。以上这一系列举措在总体上有利于生产力的发展，推动了历史进步，对后世有深刻影响，也有利于巩固隋朝的统治。

王薄、窦建德、翟让等起义天下大乱

大业七年（611年），王薄、窦建德、翟让等相继起义，此后各地农民起义连续不断，天下大乱。

隋炀帝在位期间，为征伐高丽，调兵征粮，举国就役，扫地为兵，致使民不聊生，义军纷起。河东的涿郡和山东的东莱是隋进攻高丽的军事基地，这一带人民负担最重，加之水旱灾荒不断，因此农民起义首先在山东爆发。大业一年（611年），山东邹平（今山东）人王薄，率众于长白山（今山东章丘县境）起义。自称知世郎，作《无向辽东浪死歌》以相号召。他们到处攻打官兵，破坏隋军运输线，于是逃避兵役的人多归附之。同年，隋炀帝募征高丽，窦建德因勇敢被选为200人长，他因帮助孙安祖起义，被官府追捕，其家属被杀，窦建德率所部200人在家乡清河漳南（今山东武城东北）起义，投高鸡泊高士达，任司兵。同年，东郡韦城（今河南滑县东南）人翟让率众起兵，翟让勇敢有胆略，初任东郡法曹，触法当斩，为狱吏救脱，遂于瓦岗（今河南滑县南）起义，与单雄信、徐世勣等占据瓦岗，手下有万余人，其部下大多是善用长枪的渔猎手。

此外，清河鄃县（今山东夏津）人张金称率众起义，以河曲为根据地，其众达数万。刘霸道领导平原（今山东平原西南）农民起义，以负海带河、地形险阻的豆子航（今山东惠民县境）为根据地。起义者聚于刘霸道周围，很快达10余万人，号称"阿舅军"。清河漳南（今山东武城东北）人孙安祖，家为大水漂没，妻子饿死，县令又逼其服兵役，他悲愤交加，于是刺杀县令，窦建德帮助他聚众入高鸡泊。信都（河北景县）人高士达率众于清河（今河北清河）起义，以高鸡泊为根据地，后与窦建德部会合，自称东海公，以窦建德为司兵。

大业九年（613年）正月，灵武（今宁夏灵武西南）人白瑜娑起义，夺取官马，北连突厥，兵至数万。三月，济阴（今山东曹县西北）孟海公起义，据周桥，进占曹、戴二州，众至3万。同月，齐郡（今山东济南）人孟让起义，一度与王薄联合，后南下江淮，众达10余万。同月，北海（今山东益都）人郭方预起义，自号卢公，众达3万。同月，平原（今山东平原西南）人郝孝德聚众数万起义，与王薄、孙宣雅等部10余万结为联军，为隋将张须陀击败，后归入瓦岗军。同月，厌次（今山东无棣南）人格谦起义，以豆子䴚（今山东惠民县境）为根据地，称燕王，众至10余万。同月，渤海（今山东阳信）人孙宣雅起义，以豆子䴚为根据地，众至10万，自称齐王。十二月，章丘（今山东章丘）杜伏威、临济（今山东东章丘西北）辅公祐率众起义，转向淮南，自称将军。

窦建德势盛

隋大业十三年至十四年（617年—618年），窦建德领导的起义军不断发展壮大。

窦建德（573年—621年），清河漳南（河北故城东北）人。世代务农，曾为里长。大业七年（611年）投奔高鸡泊起义军高士达部。大业十二年（616年）十二月，涿郡通守郭绚率万余人攻高士达，高士达授兵于窦建德，大败隋军，斩郭绚。隋将杨义臣继续进攻，高士达不听窦建德暂避其锋的建议，率兵迎击，小胜即纵酒高宴，结果被杨义臣所破，战死。窦建德收其散兵，自称将军。大业十三年（617年）正月，窦建德据乐寿（今河北献县），称长乐王。大业十三年（617年）七月，窦建德设下埋伏，乘大雾袭击薛世雄。河北地区隋军主力遂被消灭。

唐武德元年（618年）十一月，窦建德以祥鸟集于乐寿（今河北献县），改国号为夏，改元为五凤。窦建德为了扩大势力范围，杀死魏刀儿，兼并了这支队伍。窦建德势力更加壮大。唐武德二年（619年）窦建德在聊城（今属山东）擒杀宇文化及，并遣使至洛阳朝见隋越王杨侗，他大量收用隋朝官僚和士人。王世充废杨侗称帝，他也自建天子旌旗。

李世民发动玄武门之变登上帝位

秦王李世民在创建唐业中，功勋卓著，威望日升，手下精兵强将颇多，太子建成功逊世民，兄弟间深怀敌意，皆竭力招贤纳众。建成获得齐王元吉及后宫支持后又得到李渊的偏袒，在双方较量中占有优势。武德七年（624年）后，建成几次谋害世民，其中一次暗下鸩毒，使李世民心中暴痛、吐血数升。此后李建成与李元吉又欲收买秦王部下名将尉迟敬德、程知节、秦叔宝、段志玄等未成功，后又上疏高祖，诋毁秦王谋士房玄龄、杜如晦，二人均被高祖逐出京师。

武德九年（626年）夏，突厥兵进攻唐境，太子李建成荐李元吉代秦王出征，并奏请以秦王大将尉迟敬德、程知节、秦叔宝、段志玄等随行，太祖诏准。李建成与李元吉密谋欲在为元吉饯行的宴会上谋杀李世民。李世民得知消息，密奏高祖，并细诉太子及李元吉俩人淫乱后宫等事，高祖答应来日（六月四日）询问建成、元吉俩人。六月四日清晨，秦王李世民率长孙无忌等伏兵于玄武门。太子李建成闻知秦王密奏高祖之事，便召元吉密议，李元吉认为应布置军队，托疾不入朝，坐以观变，等待消息。建成说已经布置就绪，只待入朝，打听消息。此时，高祖已召裴寂、肖瑀、陈叔达等臣审议秦王所奏之事。建成、元吉则对形

唐太宗画像

势估计不足，认为已布置停当，便仍从容上朝。俩人赶到玄武门，一进宫门，到临湖殿，便发现形势不对，立即策马欲东奔回各自宫府，李世民在后追赶，并呼叫建成、元吉俩人停下，元吉张弓欲射李世民，但慌忙中未能拉开弓弦，而李世民却一箭就将太子建成射死于马下，元吉也被赶到的尉迟敬德射下马来。李世民亦从马上掉下，被树枝挂住，元吉带伤返回，夺世民手中弓，欲用弓扼死李世民，尉迟敬德跃马大喝，元吉慌忙快步奔向武德殿，尉迟敬德紧追不舍，一箭射死李元吉。

太子李建成、齐王李元吉死后，两府部众方得知信息。翊卫车骑冯立、副护军薛万彻等将领东宫、齐王府精兵2000余人赶至玄武门外，欲杀李世民，为太子李建成及齐王李元吉两主复仇。李世民的云麾将军敬君弘掌宿卫兵屯玄武门，领兵挺身与冯立、薛万彻力战，不敌而战死。李世民的心腹猛将张公谨力大无比，在玄武门内闭关门抗拒冯立、薛万彻两将所率人马，使其不能入关。坚守玄武门的李世民部众与薛万彻、冯立军马力战很久，薛、冯二将久攻不下，便鼓吹要攻打秦王府，秦王将士大惊，尉迟敬德便持李建成、李元吉俩人首级示于城门，东宫、齐王府军队才大乱而退。

高祖闻知此事大惊，与裴寂等臣商议，肖瑀、陈叔达答道："建成、元吉本未参与起义，又无功于天下，而嫉妒秦王功高，狼狈为奸。现在秦王讨伐并诛杀他们。陛下可将国事委许秦王。"高祖于是点头称善。六月七日立李世民为皇太子，两个月后又被迫让位李世民，自称太上皇。至此，李世民发动玄武门之变而登上帝位。

唐平吐谷浑

吐谷浑又叫吐浑，原是鲜卑族的一支，公元 4 世纪初，首领吐谷浑率部众从辽宁西迁到今甘肃、青海间，到其孙叶延，开始以吐谷为姓氏。南北朝时分属于宋、齐、北魏。隋唐时，吐谷浑渐渐强大。唐太宗贞观六年（632年），吐谷浑骚扰兰州，被州兵赶走。此后，吐谷浑伏允可汗一边向唐派遣使节进贡，一边又大肆掠夺鄯州（今青海乐都）。太宗遣使责备伏允，并征其入朝，伏允托病不去，但派其子尊王到唐朝请求和亲。太宗答允后，尊王又不亲自来迎亲。伏允还多次进犯唐边。太宗怒，于贞观八年（634年）六月，任命左骁卫大将军段志玄为西海道行军总管，以左骁卫将军樊兴为赤水道行军总管，带边境部队及铁勒部、党项族人马两路出击，大败吐谷浑，追击八百里才返回。九月，吐谷浑又侵犯凉州（今甘肃武威）。太宗大怒，下诏大举征讨吐谷浑，命李靖为西海道行军大总管，节度诸军，任兵部尚书侯君集为积石道行军总管，刑部尚书任城王李道宗为鄯善道行军总管、凉州都督李大亮为且末道行军总管、岷州都督李道彦为赤水道行军总管、利州刺史高甑生为盐泽道行军总管，以及突厥、契丹的军队分路攻击吐谷浑。贞观九年（635年）闰四月，李道宗在库山大败吐谷浑。李靖将军队分为南北两路，各部大败吐谷浑，铁勒部首领契苾何力仅领千余精骑，突袭吐谷浑的牙帐，杀吐谷浑军几千人，伏允逃走，其妻被俘获，获牲畜 20 余万头；侯君集率兵追击伏允可汗到柏海才回师。伏允欲逃向于阗，被部下杀死。吐谷浑人立伏允儿子慕容顺为可汗，顺请求降唐。太宗下诏恢复吐谷浑国，以慕容顺为西平郡王。至此，吐谷浑完全平定。

唐太宗征高丽无功而还

　　唐初，朝鲜半岛高丽、新罗、百济三国均与唐通好，三国素有隙，互相攻击，后听唐使劝和罢兵。贞观十六年（642年）高丽权臣苏盖文发动兵变，专霸国政。次年联合百济猛攻新罗，唐遣使嘱高丽罢兵，不听。四月太宗诏令出兵征高丽。

　　贞观十八年（644年），太宗诏命饶、洪、江三州造船400艘用以运军粮，遣幽、营二都督兵及契丹、奚、靺鞨之众先击辽东（今辽宁辽阳）作试探；以韦挺为馈运使，节度河北诸州；命肖锐运河南诸州粮入海。贞观十九年（645年）正月，太宗亲统诸军自洛阳北上定州（今河北定县），留太子治监国，肖瑀为洛阳宫留守。五月，令大将张亮率领从东莱（今山东掖县）渡

高句丽角抵壁画

海向东，袭击高丽占据的卑沙城（今辽宁海城）。程名振、王文度等行军城下，攻克卑沙城，俘获男女 8000 余人。命李世勣为辽东道行军大总管率大军进至辽东城下，高丽派兵 4 万援救辽东，唐将李道宗、马文举奋勇冲杀，歼高丽军千余人。太宗亲临辽东后，唐军士气大振，攻克辽东城，歼敌万余人，俘获男女 4 万人。太宗设辽东城为辽州。同月，唐军围攻高丽白岩城，右卫大将军李思摩受伤。乌骨城派出万余人声援白岩城守将，唐军大将契苾何力率骑 800 名迎战，契苾何力受伤，被薛万备单枪独骑救出，契苾何力伤后再次出战，高丽兵大败，奔逃几十里。六月，李世勣率军猛攻白岩城，太宗亲临指挥，白岩城守将孙代音被迫投降，太宗以白岩城为岩州，以孙代音为刺史。同月，唐军进围安市城（今辽宁海城南之营城子）。高丽派高延寿、高惠真统兵 15 万救援，太宗、李世勣布阵，大败高丽军，高延寿、高惠真后率残部 36000 余人降唐，是役唐军歼敌 2000 余人，俘虏无数，高丽举国震动。后太宗未采纳先攻弱城，后攻安市城的正确建议，而继续围攻安市城 60 余日不下，太宗便于贞观十九年（645 年）九月下诏班师，无功而还。

苏定方大破西突厥

显庆二年（657年）十二月，唐平定阿史那贺鲁之叛，西突厥旋即灭亡。

唐贞观末年，西突厥乙毗射匮可汗击溃咄陆可汗后，咄陆部阿史那贺鲁率残部数千帐降唐。太宗置瑶池都督府，任命阿史那贺鲁为都督，居住在庭州境内，阿史那贺鲁招集散落的部众，势力渐大，乘太宗死，在高宗永徽二年（651年）率部众西走，击败乙毗射匮可汗，在双河和千泉建立牙帐，自称沙钵罗可汗，西突厥各部及西域诸国多依附他，拥有数十万兵力。永徽六年（655年），唐派程知节、王文度、苏定方率兵进攻沙钵罗，大胜。但王文度妒嫉苏定方功高，按兵不动，失去铲除沙钵罗机会。显庆元年（656年），沙钵罗屠掠庭州，唐派何力等领汉军三万、回纥军五万击退沙钵罗。

显庆二年（657年）闰正月，唐命苏定方、阿史那弥射、阿史那步真（太宗时率众归附的西突厥可汗）分路领兵从北、南两路出击沙钵罗。苏定方先击破处木昆部，俘获万余帐，接着到曳咥河西（今伊犁河），大败沙钵罗率领的10万大军，俘获几万人。于是五弩失毕部闻讯投降阿史那步真。苏定方率大军日夜兼程踏雪追击沙钵罗，又斩杀、俘虏几万人，沙钵罗逃奔石国，被俘获。十二月，唐政府在西突厥故地设置濛池、昆陵两都护府，任命阿史那步真为濛池都护、继往绝可汗，统领五弩失毕各部。至此，西突厥被唐平定。

徐敬业起兵反武则天

光宅元年（684 年）九月，徐敬业起兵扬州，发表《讨武曌檄》。

徐敬业即李敬业（?—684 年），曹州离狐（今山东东明南）人，名将李世勣之孙，少从李世勣征战，颇具勇名，历任太仆少卿、眉州刺史、袭爵英国公。光宅元年（684 年），武后废中宗，立睿宗旦，幽旦于别殿，把持朝政。敬业因赃贬柳州司马，途经扬州（今江苏），碰遇遭贬的给事中唐之奇、长安主簿骆宾王，遂决定起兵反武则天。敬业自称扬州司马，声称奉密诏募兵讨高州叛酋，开设匡复府、英公府、扬州大都督府等三府，集众十万余，以匡扶中宗为号召，发布骆宾王著名的《讨武曌檄》，觅一貌类前太子贤者，奉之为王。楚州三县响应。太后派左卫钤卫大将军李孝逸为扬州道大总管领军三十万讨伐敬业，并下诏毁敬业祖父家。薛仲璋提出建议，认为金陵有王气，且有长江天险，劝敬业南下取常、润州（均今江苏），以定霸之业，后可进中国，即便不利，亦可退有所归。而魏思温则认为，天下豪杰均不满武氏专政，若率众北进，直取洛阳，天下人定会认为此举是为勤王，必四面响应，可建大功，若蓄缩自谋巢穴，远近闻之，必然解体。敬业斥魏思温之识，而取薛仲璋之言，攻取润州（今江苏镇江）。李孝逸已领大军逼近扬州，敬业回军于高邮之阿溪（今江苏高邮以东）屯驻。十一月四日，武则天又遣左鹰扬大将军黑齿常之为江南道大总管，增援李孝逸。李孝逸屡战不利，缩军不前，后受殿中侍御史魏元忠晓之以安危关键事，乃战，先败敬猷、韦超，又依元忠计，顺风火攻，敬业大败，军七千余被杀，河中溺死者不可胜计。敬业仅轻骑挈妻奔润州，欲渡海投高丽，十八日到海陵（今江苏泰州）被阻，部将杀敬业，唐之奇、魏思温被俘斩，扬、润、楚之州平。

张仁愿筑三受降城阻突厥南下

唐神龙二年（706 年）沙吒忠义被突厥默啜打败。第二年十月，朝廷命令左屯卫大将军摄御史大夫张仁愿任朔方道大总管，抗击突厥。

景龙二年（708 年）三月，朔方道大总管张仁愿在黄河北岸筑三受降城，断突厥南下之路。

唐朔方军与北突厥以黄河为界。景龙元年（707 年），张仁愿趁默啜率西击突骑施河北空虚之机，先夺取漠南地（今内蒙伊克昭盟），后在黄河北岸筑三受降城。三受降城首尾相应，以拂云祠所在地为中城（今内蒙乌拉特前旗与包头市之间），东受降城在今内蒙古托克托以南，离中城 300 里，西受降城在今内蒙杭棉后旗乌加河北岸，距中城 380 里。张仁愿又在中受降城东北的中头朝那山北拓地 300 多里，设置烽候 1800 所，使东西呼应，并派吐蕃降将沧弓仁领兵防守。以后突厥再不敢渡河畋牧，北方不再受扰掠，戍守的唐兵也减少了几万人。

朔方总管张仁愿

破突厥于北廷

开元二年（714年）二月七日，突厥首领默啜派遣他的儿子同俄以及妹夫火拔颉利发、大将石阿失毕率领突厥大军进犯大唐边境，包围了北庭都护府（治庭州，今新疆乌鲁木齐），情形十分危急。

当时守城的大将是唐代有名的都护郭虔瓘。面对来犯强敌，郭虔瓘镇定自若，率众军士奋起抗击。突厥军久攻北庭不下，益发暴躁。同俄自恃一身武功且本方军力强大，根本不把唐军放在眼里，经常单枪匹马杀到城下向城内大骂叫嚣，郭虔瓘便设计在路边埋伏强壮的军士待同俄来时突然出击将其斩杀。突厥军闻知大乱，便请求愿意用军中全部的辎重和粮草来赎回同俄。得知同俄已被杀死，突厥来使恸哭而归。突厥大将石阿失毕见损失了默啜的爱子同俄，非常恐慌，知道默啜不会轻饶自己。

经过再三思忖，石阿失毕和妻子于二月二十五日率部投奔了唐军。突厥军队失去大将，军心焕散，都护郭虔瓘立即率大军出城。一举击溃敌军，突厥军在火拔颉利发的带领下退逃而去。唐军大捷后，郭虔瓘受到玄宗的嘉奖，并被皇帝封为左羽林大将兼安西大都护、四镇经略大使；石阿失毕则被封为右卫大将军、燕北郡王，其妻为金山公主。

裴光庭奏请论资排辈

开元十八年（730 年）四月，吏部尚书裴光庭开始奏请"循资格"（即按资历）选官进阶。

唐代选官进阶本无定制，只按才能的大小而升降（惟才是选，不问其他）。有的越级超迁，有的久居下位却长期得不到擢升；有的早就取得做官资格，但 20 余年也得不到俸禄。而且，州县官吏也不分大小远近，有的人先当了大州大县官，后来却被移任为小州小县官。因此，并无统一的注册授官制度，较为机动灵活。

730 年 4 月，裴光庭兼任吏部尚书后，使奏请论资排辈。具体方法是：罢官之后，根据各人"考选"的次数而累集到吏部，官位高的人少选，官位低的人多选（照顾卑官）。选次一满，就可以注册授官，按年升级，决不可超越，只要不犯错误，一律有升无降，可见裴光庭的所谓"循资格"和北魏崔亮的"停年格"，都属于重视年资、轻才学的论资排辈用人制度。此法被奏准而实行后，劣愚无作为的庸碌之辈都异常欣喜，大赞裴光庭的奏书为"圣书"，而才俊之士及有作为的官吏则无不怨叹。宰相宋璟曾与裴氏据理力争但毫无结果。裴氏还令非品官的流外人员也到门下省审定，为他们铺开升官之路。

郭子仪、李兴弼成名

郭子仪、李兴弼在反安史叛变中成名，成为中兴名将。天宝十四年（755年）十二月十九日，玄宗因功加郭子仪御史大夫。又命郭子仪罢围云中，还朔方，集兵力进取东京，并选良将一人率兵出井陉，定河北。子仪遂推荐李光弼，至德元年（756年）正月九日，以光弼为河东节度使，分朔方兵一万人由其率领。

至德元年（756年）二月二日，加李光弼为魏郡太守、河北采访使。李光弼统领蕃、汉步骑万余人、太原弩手3000人出井陉，二月三日，至常山，解饶阳之围。

李光弼败史思明于常山解饶阳之围后，两军相持40余天，思明遂绝常山粮道，城中缺草，马无饲料。光弼派500辆车至石邑（今河北石家庄西南）取草，押车士卒皆衣甲胄，以弩手千人护卫，为方阵而行，叛军欲夺而不能。叛将蔡希德率兵攻石邑，张奉璋击退之。此时郭子仪已从朔方增选精兵进军于代州（今山西代县），光弼遂遣使求救于子仪，子仪即率兵自井陉出。至

宋李公麟《免胄图》，描述郭子仪单骑退敌情景。

德元年（756年）四月九日，至常山与光弼会合，蕃汉步骑共10余万。四月十一日，子仪、光弼率军与叛军大将史思明战于九门（今河北正定东南）城南，思明大败，率残兵逃奔赵郡（今河北赵县）。

　　郭子仪、李光弼收兵还常山，史思明收罗散卒紧跟其后，子仪乘叛军疲时挑战，败之于沙河（今河北新乐、行唐之间）。至德元年（756年）五月二十九日又与叛军战于嘉山（今河北曲阳），大败之，杀4万余人，虏千余人。思明坠马，露髻跣足而逃，奔于博陵（今河北定州），光弼遂率兵围博陵，军声大振。于是河北十余郡纷纷响应，杀叛军守将而归顺朝廷。

哥舒翰兵败潼关

天宝十四年（755年）十二月末，玄宗因哥舒翰有威名，且与安禄山有矛盾，拜为兵马副元帅，并以田良丘为御史中丞，充行军司马，起居郎肖昕为判官，蕃将火拔归仁等各率部落兵以从，加高仙芝旧兵，共20余万，屯军于潼关。

哥舒翰因病不能料理军务，把军政大事全委于田良丘，良丘不敢专决，又使王思礼统骑兵，李承光统步兵。二人争权，不能统一指挥。哥舒翰用法

唐李昭道《明皇幸蜀图》

骑马胡俑

严厉而不恤士卒，所以军无斗志。

哥舒翰与叛军在潼关相持，潼关是唐王朝首都长安的大门，安禄山攻潼关不下，遂用诈使人散布说，叛将崔乾祐在陕郡（今河南陕县、三门峡）的兵力不满 4000，皆赢弱无备。玄宗知后，遂催促哥舒翰出兵收复东京。哥舒翰不得已，至德元年（756 年）六月四日，抚膺恸哭，率兵出关。六月七日，遇安禄山大将崔乾祐之军于灵宝西原。乾祐据险以待，南靠山，北阻河，中间是隘道 70 里。这时崔乾祐故意出兵万人，什什伍伍，散散漫漫，或疏或密，或前或退，唐军皆望而笑之，以为乾祐不会用兵。其实乾祐聚集精兵，陈于其后。哥舒翰军放松警惕，叛军遂出其不意，发动伏兵，乘高滚下木石，击杀唐军士卒甚多。道路窄小，士卒拥挤，刀枪皆施展不开。正好中午刚过，刮起东风，乾祐把数十辆草车塞在毡车之前，纵火焚烧。顿时大火暴起，烟雾遮天，唐军连眼也睁不开，自相残杀。这时乾祐又派同罗精锐骑兵从南山冲杀过来，出唐军之后，唐军首尾大乱，不成队伍，无法再战，被叛军打得大败。哥舒翰只与部下数百骑，从首阳山（今山西永济）西渡过黄河入关。六月九日，崔乾祐攻克潼关。

哥舒翰后被部将缚送安禄山。

了解历史丛书

影响中国发展历程的100部军事著作

李光弼河阳大捷

史思明帅叛军占领洛阳后，遂领兵攻河阳。思明有良马千余匹，每天在黄河南洗浴，来回往返，以示其多。光弼即命搜寻军中母马，得500匹，而圈其驹于城内。等到思明马至水边，即尽放母马出，母马嘶鸣不休，思明马皆浮水过河，官军全数驱之入城。

思明大怒，又列战船数百艘，泛火船于前，想要烧掉浮桥，光弼则以百尺长竿，用毡裹铁叉置其头，迎火船而叉之。船无法前进，皆被焚烧。又以叉拒战船，发炮石击之，被击中皆沉没。思明又出兵河清（今河南济源南），想断光弼粮道，光弼则帅军于野水渡而备之，趁天黑，还河阳，留部将雍希颢率兵守栅。思明知光弼善于守城，不善野战，遂派部将李日越半夜渡河来攻。日越率500骑于次晨至栅下，知光弼已回河阳，不敢回去复命，遂降于官军。光弼厚待之，委以重任。叛将高庭晖闻之，也来降。当时光弼自率兵守中潬。城外置栅，栅外挖壕深两丈。乾元二年（759年）十月十二日，叛将周挚舍南城，全力攻中潬。叛军逼近城，以车载攻具，督众填壕。光弼命荔非元礼率劲兵拒敌。待堑壕填平，元礼即率敢死队突出，击溃叛军。周挚又收兵来攻北城，光弼立刻率兵入北城，选择叛军阵地最强的西北角和东南角，命部将郝廷玉、论惟贞率骑兵出击。并命诸将，以军旗掉地三下，全军出击，退却者杀。诸将遂出战，光弼在后督战，诸将稍退者，光弼即命使者提刀斩首，于是诸将皆奋不顾身，并力奋击，呼声动地，叛军大溃，杀千余人，俘虏500，溺水而死者千余人，周挚逃走，擒其大将徐璜玉、李秦授。

李德裕整顿西川边防

西川自从南诏入侵虏掠后，残弊不堪。西川节度使郭钊多病体弱，未能及时治理。

太和四年（830 年）十月七日，义成（今河南滑县）节度使李德裕代郭钊为西川节度使，整理边务。李德裕赴任后，每天召来军中了解边防情况的老兵，询问边境上山川、城池、道路等的详细情况，不到一个月即了如指掌。当时，文宗命令李德裕修筑、镇守清溪关，以阻断南诏入蜀的通路。但是李德裕认为，清溪关附近大路有 3 条，小路无数，只守住清溪一关没有多大意义，只有在大渡河北岸筑城，以重兵屯守才行。这个时候，北方来的大批兵马都回了本道，只有河中、陈许 3000 人驻在成都，但第二年三月也将奉命撤回，西川的百姓都怕南诏再来侵扰而忧伤恐惧。故而德裕奏报朝廷，指出西川兵寡弱，不堪征战，请求留下郑滑、陈许的部分兵马镇守蜀中。朝廷同意了他的请求。此后，李德裕就每天操练士卒，修筑堡垒，屯积粮草，以备南诏入侵。李德裕整理边务卓有成效，蜀中百姓才稍稍安下心来。

王仙芝黄巢起义转战天下

　　王仙芝，濮州人（今山东鄄城北）。乾符二年（875年）在长垣（今河南）发动农民起义，黄巢率众响应，五月，王仙芝战死，黄巢率起义军在亳州建立了农民政权——大齐政权，自称冲天大将军。884年黄巢兵败身亡，起义历时九年之久，这是中国古代第一次高举"平均"旗号的农民起义。

　　875年春，王仙芝在长垣起义，自称"天补平均大将军"，攻克曹州、濮州。黄巢也起兵响应。义军挥师中原，逼近沂州、洛阳，唐朝廷大为恐慌，调各路军队镇压。二月黄巢与王仙芝攻下鄂州、郢州、复州和荆南罗城。二月王仙芝在黄梅兵败被杀。王仙芝余部由尚让率领与黄巢会合作战。

　　878年3月黄巢率军攻克亳州，众推黄巢为黄王，号冲天大将军，建立官制和农民政权。随后挥师北上，再次攻克濮州。朝廷调遣张自勉为东北面行营招讨使，率兵围剿义军。起义军在不利形势下往南转移，由滑州略宋、汴。唐军调集军队围攻。黄巢于是率军经淮南转往长江一带，在和州与宣州间横渡长江，攻占南陵，杀死唐将王涓。由于唐宣歙观察使王凝固守宣州，义军未能攻下，5—6月转攻润州（今江苏镇江）。唐

唐人所书黄巢记事墨迹

朝廷派高骈为镇海节度使带兵镇压，黄巢主动撤出，南行攻打杭卅。8月，攻入杭州城内，烧毁官府文书档案等，释放在押犯人，没收地主官吏财产，发布文告，开仓赈济百姓。9月，攻占越州（今浙江绍兴），唐浙东观察使崔璆逃走。唐廷派张璘阻遏，黄巢于是转战福建，开山路七百里入闽，破建州，12月攻占福州。乾符六年（879年）六月，黄巢占领广州，俘获岭南东道节度使李迢。但因黄巢军中北方士兵在广州水土不服，很多人染瘴疫而死，部将劝黄巢北上以成大业。十月，黄巢率军从桂州出发北伐。

李克用含恨病逝

开平二年（908 年）正月，河东节度使晋王李克用病死，其子存勖嗣继其位。

李克用（856 年—908 年），沙陀人，其父李国昌，原姓朱耶，名赤心，咸通年间因镇压庞勋有功而被唐赐李国昌之名。李克用从小跟随其父征战南北，骁勇善战，军中称"飞虎子"，因一目失明又称"独眼龙"。李克用与父李国昌合攻朱全忠，又在镇压黄巢农民起义中立大功，被唐封为河东节度使（太原、领石、岚、汾、沁、忻、代等州，辖境相当于今山西内长城以南，中阳、左权以北），乾宁二年（895 年）晋封为晋王。源驿之变后李克用与朱全忠连年交战，天祐元年（907 年）八月朱温弑昭宗立李柷，及至后来朱篡唐建（后）梁后，李克用南向恸哭，发誓恢复大唐，无奈头部疽发不治，开平二年正月在晋阳病逝，时年 53 岁，其子李存勖继位。（后）唐立国后，追谥武皇帝，陵葬雁门。后来李克用旧将挑唆李克用之弟李克宁发动政变，被李存勖擒杀，政变失败。

辽太祖去世

辽天显元年（926 年）七月，契丹皇帝耶律阿保机灭渤海回师，因病逝世于扶余城（今吉林四平），据史料记载是死于伤寒。

阿保机之妻述律皇后与长子突欲护其灵柩归还契丹皇都西楼，杀难以统驭的将领、酋长以殉葬，并遣使告哀于唐，后唐明宗辍朝 3 日以示哀悼。耶律阿保机庙号辽太祖。

阿保机的皇位按照常规应该由长子东丹人皇王耶律信（突欲）继承，但述律皇后喜爱的是次子耶律德光，于是早有预谋另立皇帝。当阿保机的灵柩运到西楼时，述律皇后便迫使群臣拥立德光，立他为天皇王。德光即位（是为辽太宗），尊述律为皇太后，参与制决军国大事，打理朝政。太后又纳侄女为天皇王后，任命韩延徽为政事令，一切律令制度都如前朝。

周世宗三征南唐

后周世宗柴荣接受正朴的《平边策》，定下北守南攻，先平南唐的统一中国的战略。由显德二年（955年）至显德五年（958年），发起了一系列旨在征服南唐的军事行动，柴荣三度亲临淮上督战，最终迫使南唐割地称藩。

显德二年（955年）十一月，柴荣派李谷率军南征，南唐因为边境久无战事，没有遣兵把守淮河，周师趁冬天水浅，搭浮桥渡过淮河，连续于寿州城下、山口镇、上窑击败南唐军。次年正月，李谷攻寿州久不能下，柴荣下诏亲征。命李重进渡淮迎击南唐援军，斩将刘彦贞，杀敌万余，缴获军械30万，南唐大恐。柴荣亲至寿州城下，督军围城。又派赵匡胤袭南唐水军，夺战舰50余。周军捷报频传，赵匡胤攻克滁州，擒南唐大将皇甫晖；王逵攻取鄂州，克长山寨；赵匡胤又以不满2000之众，败敌20000于六合，南唐精兵几乎尽丧于此役。第一次南征，周军夺得江北一半土地，南唐割濒淮六州之地请和，但周欲尽得江北之地，不允。五月，柴荣因久攻寿州不克，天又大雨，只留李重进军围寿州，自返大梁。

显德三年（956年）七月，南唐收复大半失地，周军再度南征。这一次柴荣鉴于南唐水师强大，乃起造战舰，由南唐降卒教练水师。次年三月，柴荣第二次亲临淮上，直抵寿州城下，先破紫金山唐军，断其甬道，再命水师沿淮东击，唐军丧4万人，周军获战舰粮仗以十万计。柴荣陈兵于寿州城北，断其求援之路，寿州守将刘仁瞻病重，监军使周廷构等开城投降。周帝柴荣对坚守寿州一年多的刘仁瞻的忠节大加褒扬，又令开仓赈济饥民，大赦犯人。改编南唐降卒后，柴荣返回大梁。

显德四年（957年）十一月，柴荣第三次亲征南唐，屡败南唐兵。十二月，南唐泗州守将首先投降。攻下泗州后，柴荣率亲兵沿淮河北岸前进，赵匡胤统步兵于南岸进军，诸将以水师在淮河中进军，大败南唐水师，潦州遂降。周师乘胜追击，又攻下扬州、泰州。次年正月，柴荣下令疏浚鹳水，使水军自淮河直抵长江，拔静海军，打通了往吴越的道路。周师苦战又攻克楚州。

三月，南唐中主李璟见周兵在长江中屡败南唐水师，唯恐周兵南渡，遂上表请和，愿去帝号，称唐国主，割长江以北之地入周，每岁入贡数十万，柴荣方允罢兵。于是江北悉平，得 14 州、60 县。

是年五月，李璟去天子仪制，奉周正朔；自己只称国王，并避周讳而改名景，正式臣属于周。八月，南唐又在开封设置进奏院，从而完成了藩国所应具备的条件和义务。

了解历史丛书

影响中国发展历程的100部军事著作

宋颁行《武经七书》

　　中国传统兵学到宋代最后趋向定型，其标志是《武经七书》的颁行。

　　《武经七书》的颁行，和宋代建武学、设武举紧密相联。在武学设立之前，宋就沿用唐武举选拔军官的旧制，武举考试的重要内容之一是古代兵法。武学设立之后，编辑选定一套标准的军事理论教科书更成为迫切的需要。中国古代兵书浩如烟海，良莠不一，为了便于学员学习，也为了给武举考试划定范围，元丰四年（1081年），神宗下令国子监，选出一批精粹作为教材。朱服、向去非等人经过三年多努力，最后确定和校理了《孙子兵法》《吴子兵法》《司马法》《六韬》《尉缭子》《黄石公三略》《李卫公问对》七部兵书，宋神宗命名为《武经七书》，刻版颁行，作为教材。

　　《武经七书》在中国军事学术史上占有重要地位，它是我国古代战争实践经验的概括和总结，是古代军事理论的精华和优秀代表。它的颁行，奠定了中国传统兵学的基础，标志着中国传统兵学的定型。它一直作为一个整体被广为流传，产生了重大影响，南宋、明、清都将《武经七书》作为武学取士的重要内容。

岳飞等平乱

宋绍兴元年（1131年），宋廷命神武右军都统制张俊为江南招讨使、岳飞为副使，负责平定李成乱军。年初，张俊大军到达豫章（今江西南昌），李成乱军驻扎在江州（今江西九江）。张俊先集中兵力，三月初收复筠州，三月底又收复江州，李成败逃至蕲州（今湖北蕲春）。五月，张俊、岳飞大军追到蕲州黄梅县（今湖北），乱军大败，李成投降了伪齐。

绍兴元年五月，舒、蕲镇抚使兼知蕲州（今湖北蕲春）张用招纳流民，公开与宋朝廷对抗。同月，张用率乱军南下江西掠扰。当时岳飞正驻兵于江西，他与张用同是相州汤阴（今河南汤阴）老乡，于是岳飞写信给张用进行招降，张用随后便向岳飞投降，部众被整编为宋朝正规军队。由此，江淮乱军被平定。张俊奏捷朝廷，并称岳飞军功最大，于是皇帝将岳飞官职晋升为右军都统制。

绍兴二年（1132年）正月，福建起义军首领范汝为攻入建州，韩世忠率步兵三万人破城，范汝为自焚而死。建州之乱由是被平定。

绍兴二年二月，宋廷命岳飞权知潭州兼荆湖东路安抚都总管，讨伐、招安乱军曹成。闰四月，岳家军连败曹成乱军于贺州莫邪关、桂岭关，俘其勇将杨再兴。曹成逃奔连州（今广东连县）。岳飞命张宪追击。曹成败军再逃，后于五月为进驻豫章（今江西南昌）的韩世忠大军所败，乃率众投降韩世忠。

绍兴三年（1133年）六月，宋高宗派岳飞赴虔州（今江西赣州）平定起义军彭友之乱。岳飞率大军至虔州，彭友率众在于都迎战。岳飞在马上活捉了彭友，余众均降官军。从前，隆祐太后曾在虔州受惊，高宗因此密令岳飞屠城。但是，岳飞请求只诛首恶、赦免民众，高宗答应了。虔州百姓感谢岳飞爱民、为民请命，于是绘像、设祠堂祭祀岳飞。

绍兴三年八月，高宗命岳飞赴临安面圣，岳飞乃携长子岳云于九月九日至临安，13日高宗召见岳飞，并赏赐金带器甲、战袍戎器，另特赐锦旗一面，上绣高宗手书"精忠岳飞"四字。此后，"精忠"成为岳家军的灵魂与象征。同月，高宗又任命岳飞为江西、舒、蕲州制置使，所部也由神武副军改称为神武后军，防区跨长江两岸，自舒州至蕲州，联结中原腹地。十二月又令李横、翟琮、董先、李道、牛皋等抗金部队听从岳飞调遣。从此，岳飞成为与刘光世、韩世忠等相提并论的宋军主将。

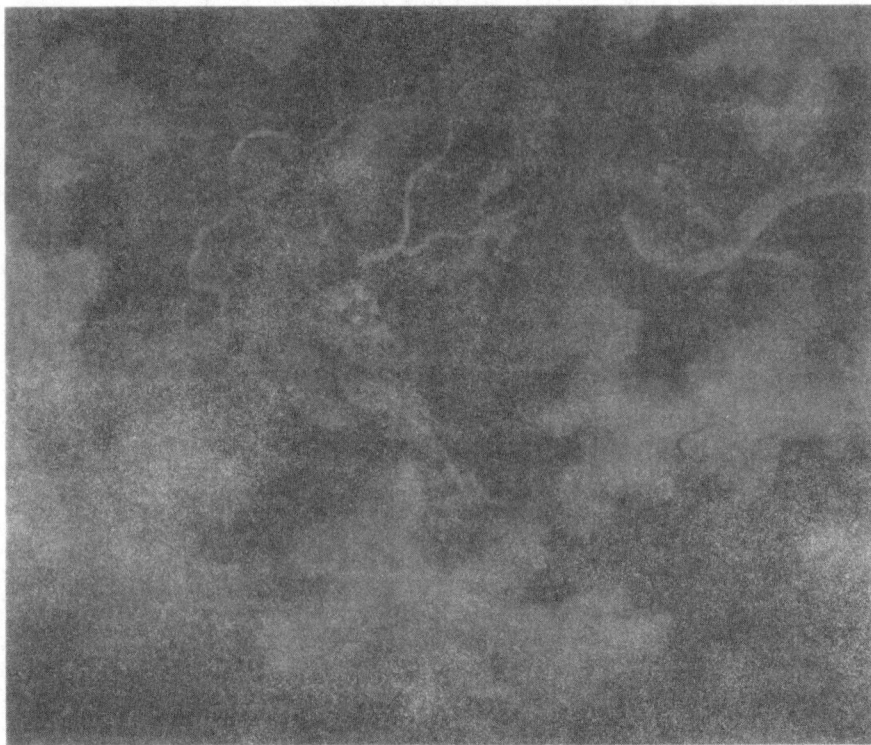

南宋《墨龙图》，陈容画。

岳飞开始北伐

　　宋绍兴四年（1134年）春，岳飞上书宋廷请求北伐齐，收复襄汉。宋廷经过反复讨论，决定由岳飞率军出师北伐。五月，岳家军自鄂州（今湖北武汉）渡江北伐。首先攻克郢州（今湖北钟祥），杀敌七千，尸横遍地。接着兵分两路，命部将张宪进攻随州，岳飞自己则率主力直取襄阳府（今湖北襄樊）。齐将领李成闻讯，急忙弃城北逃，岳飞军兵不血刃收复该城。六月，张宪又攻克随州，齐政权急忙集结三十重兵在李成的带领下进行反扑，又被岳家军击溃。七月，金朝为阻挡岳家军继续北上，派援军与李成合兵数万，在邓州西北方向排列三十余营寨，企图与宋军决战。岳飞命部将王贵、张宪各率军一部，从东西两个方面进军邓州，同金、齐联军展开激战。随即命王万、董先两军

宋画《中兴四将图》之岳飞像

了解历史丛书

影响中国发展历程的一○○部军事著作

出奇兵突袭，一举击败金、齐联军，岳飞乘胜攻拔邓州，然后岳飞又分兵相继收复唐州（今河南唐河）及信阳。通过这次战役，南宋头一次收复了襄汉大片失地，是宋立国以来局部反攻的一次大胜利。至此，襄阳六郡全部光复。八月，岳飞晋升为靖远军节度使，成为与韩世忠、刘光世、张俊并列的南宋初年四大主将。

韩世忠大破金兵

宋绍兴四年（1134年）十月，韩世忠大军到扬州，韩世忠令部将统制解元率部镇守承州（今江苏高邮），防御来犯的金国军队。韩世忠又率骑兵驻防于大仪（今江苏扬州西北），这时恰逢宋国使臣魏良臣出使金国路过此地。韩世忠于是把部队所用炊具全部撤去，诈称有诏令要把军队移防于平江（今江苏苏州）。魏良臣北去之后，韩世忠立即在大仪镇布下重兵，布成五阵，设伏二十余处，并约定以鼓声为号向敌军发起攻击。魏良臣到达金国后，金军前将军聂兀孛堇向其打听宋军情况，魏良臣把所见到的告诉了他。聂兀孛堇于是率部来到江口，其将挞不野则率骑兵经过宋军五阵的东部。宋军伏兵四起，亲兵精锐背嵬军各持长斧，上砍人胸，下砍马足，金兵大败。挞不野等两百余人被俘。统制解元亦在承州北门与金军激战，宋军成闵率骑兵前来增援，最后杀敌百余人，俘获甚众。韩世忠又亲率军队追击金兵一直到淮水（今安

《中兴四将图》，刘松年画，绘南宋初将领刘光世、韩世忠、张俊、岳飞（从右至左）。

徽风阳北），金军惊溃，死者甚众。当时舆论认为此次大捷为中兴武功第一。

同年十二月，金军因粮尽及金太宗生病而退兵。淮安一派残敝景象，朝廷上下均视之为畏途，唯有韩世忠愿意领兵前往。于是次年三月，韩世忠偕夫人梁红玉，率大军自镇江出发，全师过江，进驻楚州（今江苏淮安）。夫妇二人身先士卒，披荆棘，立军府；抚集流散之民，通商惠工；打击金兵。此地后来成为苏北重镇。

绍兴六年二月，张俊命京东宣抚使韩世忠从承、楚二州出发攻打淮阳（今江苏邳县西南）。韩世忠领命围住淮阳，敌我双方相持不下。刘猊及金兀术率金援军先后到达淮阳，宋军兵力不足，韩世忠于是向江东宣抚使张俊求救，张俊不肯发救兵，韩世忠只好退守楚州（今江苏淮安），途中又遭遇金军，宋军将其击退。同时淮阳民众跟随韩世忠南归的人有上万。四月初，因淮阳之役高宗赐韩世忠号扬武翊远功臣。

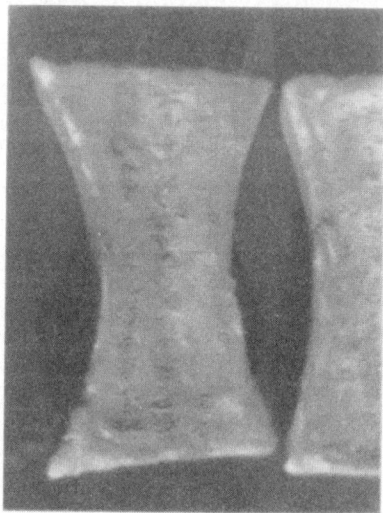

宋代政和银锭

吴璘击败金兵

宋绍兴十一年（1141年）、金皇统元年九月，宋将吴璘进兵攻下了为金所侵占的秦州（今甘肃天水），这时候金将胡盏与习不祝正统兵五六万驻防于刘家圈一带。吴璘决定继续进军，于是召集众将商量破敌良策。最后，同意采纳统制官姚仲的意见，登敌栅前的峻岭，迫敌列阵，以轻兵挑战，然后以叠阵破敌。计策已定，吴璘遂率部进驻剡家湾。

当时金将胡盏、习不祝所部据险而固守，前临峻岭，后控腊家城，自认为万无一失。宋军奇兵以叠阵之法在剡家湾与金军发生激战，军士们殊死拼杀，金兵败溃，降万余人，余部退守腊家城。吴璘毫不放松，又麾兵急攻胡盏残部，不久便破城，金军该部遭到彻底的失败。然而宋廷这时却力主与金议和，乃以驿书命令吴璘立即班师还镇。当时，在宋廷官军节节胜利的激励下，陕西、河东义军首领杨政、郭浩等纷纷投奔官军以参加抗金战斗，大家正准备进一步沉痛打击金军，无奈朝廷诏书已至，圣命难违，吴璘只好罢兵，自腊家城率兵返回河池（今陕西凤县东北）驻防。

海战兴起

宋代，海战渐渐兴起，这是因为当时海船建造技术的发展，为海战准备了充分的物质条件，使海战的兴起成为可能；而更重要的是，沿海航路的重大战略意义在当时明显地显露出来，无论是在宋金对峙时期还是在宋元对抗阶段，沿海航道都成为南下北上的重要途径，具备了重大的军事意义，因而海防的地位日见重要，海战明显增多，规模增大，揭开了中国古代大规模海战的序幕。

海战也是水战的一种，中国古代的水战，一般均由近距离的接舷战决定

《武经总要》中的楼舡图，楼舡是一种楼船。

最后胜负。宋代水战已具备了近代水战的雏形，由于弓弩的大量使用，特别是爆炸性火器如火箭、铁火炮、霹雳炮等的应用，出现了在一定距离之外可以发起攻击的水战。宋代水战的基本战法，有火攻、接舷战、顺流冲角三种。在具体战役中，各种战法交互使用，致使宋代水战精彩纷呈，蔚为壮观，有江河攻防战、内河水战、水陆结合战等。当宋代水战由内河扩及海上，由江河作战扩为江海作战，就导致了中国古代大规模海战的兴起。

宋代海战中，唐岛之战最初出现，这是火器应用于水战之后的第一次大规模海战，在海战史上写下了光辉的一页。绍兴三十一年（1161 年），金完颜亮大举南下，苏保衡、完颜郑家奴率水军 7 万人，铁舰 600 艘直指临安；南宋水军将领李宝率战舰 120 艘，水兵 3000 人迎击。在黄海唐岛（又名陈家岛，在今山东灵山卫附近）两军相遇，李宝乘敌军尚未发觉，命令舰队全面出击，突入敌阵。金军遭到突袭，惊慌失措，仓促应战，舰只挤成一团。李宝迅速下令向敌军发起火攻，金舰队陷入一片火海。接着，李宝又指挥舰队插入敌未着火的舰阵之中，命令士兵靠帮跳上敌舰，展开激烈的白刃战。结果，全歼金舰队，只有苏保衡只身逃脱。此次海战，李宝长途奔袭，以 3000 水军，全歼超过自己 20 倍兵力的金宠大舰队，创造了中国海战史上以少胜多、以弱胜强的光辉战例。

海战的兴起，增强了当时宋王朝的国防力量，对宋朝人民保家卫国起到了很好的积极作用；而宋代海战兴起，又对后世海战起到了开创先河、并具有重大启迪作用，所以说宋代海战兴起，又是近现代海战雏形的形成。

"十八般武艺"说形成

"十八般武艺"已成为国人耳熟能详的口头语，并已有了比字面远为广泛的涵义。追究起来，"十八般武艺"一语首次出现当是在南宋初年，南宋人华岳编于嘉定元年（1200年）的《翠微北征录》中记载："武艺一十有八，而弓为第一。"可见，"十八般武艺"原指使用十八种兵器的本领。

元朝以后，"十八般武艺"一词广为流传，广泛用于说书、戏曲、小说之中。但关于"十八般武艺"的具体内容，则说法多样，一直得不到统一，较为经典的当数明人笔记中的提法。明人谢肇淛的《五杂组》和朱国桢的《涌幢小品》中，记"武艺十八事"为"弓、弩、枪、刀、剑、矛、盾、斧、钺、戟、鞭、简、挝、殳、叉、耙、绵绳套索、白打"。其中前十七种是兵器名称，最后一种则是徒手搏击。而《水浒传》里的提法也许更生动易记："矛锤弓弩铳，鞭简剑链挝，斧钺并戈戟，牌棒与枪杈。"后来又有了其他的说法，较常见的一种是"刀枪剑戟，斧钺钩叉，镋棍槊棒，鞭锏锤抓，拐子流星"。

木华黎经略中原

太祖十二年（1217 年）八月，木华黎被成吉思汗封为"太师国王"，受命统兵征伐金国。成吉思汗对他说："太行之北，朕自经略；太行以南，卿其勉之。"明确以太行为界，把中原战事的全部指挥权交给了木黎华。自此，蒙金战争进入了第二个阶段。

木华黎在经略中原的过程中，逐渐改变了过去一味杀掠、不予固守的做法，注意招降纳叛，利用汉族地主武装帮助自己略地守城。不少实力较强的地方武装势力都先后归附了他。他则沿用金朝官制，授给归附者予元帅、行省等官衔，允许其子孙世袭，利用他们去攻打金朝的军队和不臣服蒙古的其他地主武装，从而大大增长了自己的实力，并巩固了既得的成果。木华黎死后，其子孛鲁继承了他的"太师国王"封号，继续推行其路线。经过这父子俩十年努力，金国的两河、山东尽归蒙古，为蒙古最后灭亡金国创造了充分的条件。

了解历史丛书

影响中国发展历程的100部军事著作

宋重视骑射与水嬉

在宋代，由于军事的需要，骑射受到相当的重视。而同时，一些水上活动也在这一时期变得盛况空前。

射术一直是宋代考核士卒武艺的标准，骑射精良也使当时的武卒力量得到很大提高。

在民间，由于宋时民族矛盾尖锐，所以为了抵御辽金侵略，出现了许多以练习骑射为主的社团组织——"弓箭社"，并一直延续到南宋，使骑技和射术得到广泛的普及和发展。

宋代马术图陶枕

这一时期有关射术的著述也很多，仅据《宋史·艺文志》记载，就有何珪《射经》、徐锴《射书》等 13 人所著 15 种，共 37 卷，反映当时对射术研究的成果。

水嬉最初是伴随着水军训练出现的，并迅速发展成为一种从官府到民间的全民游戏。宋代水嬉盛况空前，据《东京梦华录》载，当时划船成为"圆阵""交头"，以及赛船"争标"夺彩等。大型画舫尾部设有秋千，表演者荡至与支架齐高时，翻筋斗投入水中。这实在是一种别开生面的早期跳水活动。

钱塘弄潮也是当时别具特色的一种水上活动。每年八月官府在钱塘进行水军训练，当地青年趁潮水涌来，在惊涛骇浪间大显身手，钱塘江两岸观看的人群，长达数十里。至于传统的端午竞渡，宋辽金元时期，各地水乡及邻水城镇，仍盛行不衰，一些近水的少数民族地区也不例外。

辽独乐寺建筑群建成

中国的木构建筑起源很早，原始社会的简陋木房是其雏形。到宋代，木陶建筑已发展到相当水平。当时与宋对峙的北方辽国，其建筑技术因师法中原，电出现了不少建筑杰作。辽统和二年（984年），独乐寺建筑群的建成就是证明。

力士像

独乐寺建筑群，属于佛教寺院，在今天津市蓟县城内。在辽以前已有寺。984年，官位显赫的辽国节度使韩匡嗣，建了独乐寺的山门和观音阁，并修整了原寺，使独乐寺发展成为建筑群。

寺南向，山门三间四架，采用殿堂分心斗底槽结构形式。两次间中柱间垒墙分为内外间，两外间各塑金刚像一座，两内间各绘二天王像，心间内柱间安双扇板门，空间利用紧凑得宜。内部彻上明造，朴实无华，以结构的逻辑性表现出艺术效果。

观音阁在门内中轴线上，下为低平台基，前出月台，面

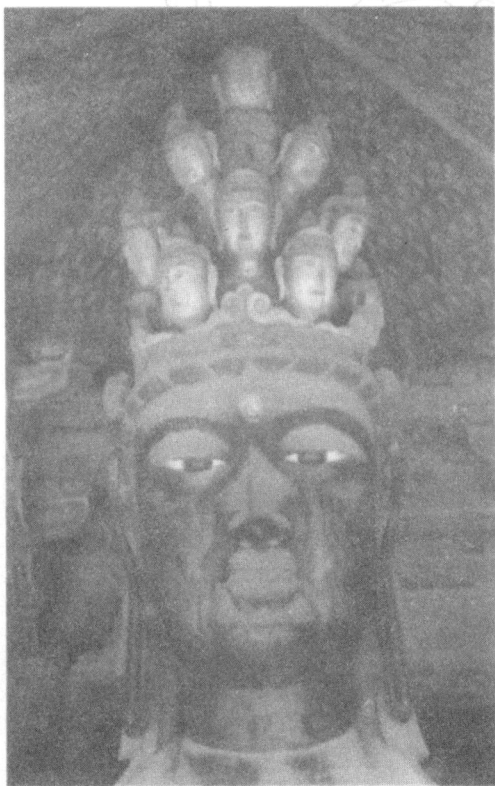

十一面观音像，高16米，是中国最大的观音泥塑像之一。

阔5间，20.23米，进深四间，14.26米。阁外观2层，但腰檐平座内部是一暗层，故结构实为3层，覆单檐九脊顶，通高23米余，柱子有侧脚和生起，它的整个外形轮廓稳重而又轻灵舒展。

山门和观音阁都是屋坡舒缓，出檐深远，斗拱雄大疏朗，保留有明显的唐代风格。阁内有内柱（金柱）一周，形成内、外槽相套的空间，内槽中心佛坛上立高达16米的彩塑观音像，通贯3层，两侧各侍立一菩萨。内槽中空，直贯上下，各层向内挑出栏杆围绕大像。中层栏杆平面长方，上层六角，较小，大像头顶的天花组成八角攒尖藻井，更小，呈现出韵律的变化并增加了高度方向透视错觉。大像略前倾，以减少仰视的透视变形。上层较为开敞，

使大像头胸部显得明亮，增加了崇高感。门和阁的距离适中，不过分远，以突出阁的高大；也不过分近，当立在山门内时，可以看到包括屋面在内的阁的完整形象。这些结构形式和处理方法，反映出中国古代建筑可以适应各种使用要求。

　　将观音阁和山门的规制与现存其他唐、宋建筑比较，可确认这两座建筑在中国现存古代木构建筑中建造时间是比较早的，包括它们在内的独乐寺建筑群，结构精妙，艺术超群，是中国古代建筑中的典范。其中观音阁还是现存最早的楼阁。

观音塑像

蒙古政治汉化

中统以后，为维护蒙古在中原的统治，忽必烈在政治上实行一系列汉化措施。

中统元年（1260年）四月，忽必烈遵用汉法，在中央设立中书省总领全国政务，又置十路宣抚司为地方最高行政机构。派到各地行使中书省的职权，简称行省。至元二十年（1283年）前后，行省官员不再以中书省官系衔，行省也从都省派出机构演变为地方最高行政机构，成为一级政区的名称。

中统元年忽必烈即位后，任命萨斯迦派法主八思巴为国师，统领天下释教。至元元年（1264年），又在中央置总制院，管辖全国佛教事务及吐蕃僧俗政务，由国师八思巴领院事（八思巴升号帝师后，就由帝师领院事）。至元二十五年（1288年），总制院改为宣政院。

蒙古国时期，蒙古是以札鲁忽赤（断事官）总司法行政事务。忽必烈即位后，将处理国家政务的权力移交了新立的中书省，札鲁忽赤就成为专门的司法长官，于至元二年（1265年），设大宗正府为其官署。但大宗正府并非蒙古唯一的司法系统。各投下还设有自己的断事官，枢密院、金玉府、总制院（宣政院）等都自行处理各自的涉讼，终元之世，也没形成统一的司法系统。

为了纠察百官善恶，谏言政治得失，拘刷拾括、追理财赋，至元五年（1268年）七月，忽必烈设御使台；至元五年十一月，开始议定朝仪，整理百官姓名，各依班次，听通事舍人传呼赞引然后进，一改喧扰无序的原状；至元七年（1270年）正月，忽必烈设尚书省专管财赋。

南宋时，地方办学曾非常普遍。蒙古学习宋制，于至元七年（1270年）二月立社制，规定每社立学校一所，谓之社学，选择通晓经书者为师，农闲时令子弟入学。第二年，又开办了国子学，增置司业、博士、助教各一员，选随朝百官近侍蒙古，汉人子弟和俊秀者为生徒。

以上便是忽必烈即位后采取的一系列汉化措施，这些政治举措对稳定元朝的统治秩序起了重大作用。

南宋《雪景图》，有清旷高寒的境界。

元军大量使用火器

蒙金战争开始后，蒙古军队在大约 1211 年至 1215 年之间便拥有了火器。他们在掳获金的火药、火器和工匠后，开始自行生产和使用。元军使用的火器，可分为燃烧性火器与爆炸性火器两种。

燃烧性火器有火箭、火枪、毒药烟球等，爆炸性火器有铁火炮以及金属管形火器火铳。这些火器兼有燃烧、烟幕、毒气、障碍、杀伤等不同的作用，不仅广泛用于同金、宋作战的中原战场，还用于欧亚战场。如 1235 年成吉思汗之孙向西进攻欧洲时，就携带有火炮、火药箭。正是在这时，火器传到了阿拉伯，被称为"契丹火枪"和"契丹火箭"，并从那里传到欧洲。1240 年，西征蒙古军至华沙，用毒药烟球攻城，波兰人还以为蒙古军在驱怪喷毒。至元十一年（1274 年）和至元十八年（1281 年），元世祖忽必烈以高丽为基地，两次派遣元军向东进攻日本，也大量使用过火器。据坂诏藏《兵器考·火炮篇》记载，元军第一次登陆同日军作战时，使用的"飞铁炮火光闪闪，声震如雷，使人肝胆俱裂，眼昏耳聋，茫然不知所措"。《太平记》一书中也有对元军使用铁火炮同日军作战的描写：球形铁炮抛出来后，"一次可发射 2—3 个弹丸，日本兵被烧被害者多人"。

元代中后期，元人在南宋突火枪和火筒的基础上，创制了金属管形火器——火铳，还有金属管火炮。到元代末期，这两种新式火器已在元军中普遍使用。据《元史·达礼麻识理传》记载，达礼麻识理在至正二十四年（1364 年）时曾指挥一支"火铳什伍相联"的队伍。火器不仅装备步兵，而且还装备炮兵、水军，大大地加强了元军的作战能力。

火铳火炮的出现，是世界兵器发展史上的一次划时代变革，对人类社会的发展和文明的进步作出了巨大贡献。为西方制造的"佛朗机"及西洋大炮奠定了基础。而欧洲同类火器，直到 14 世纪中叶才出现。据推测，元代火炮的出现至少要比西方早 50 年。

忽必烈派军渡海征爪哇

至元二十九年（1292年）十二月，忽必烈派军渡海征爪哇。

元代，在南海诸国中，爪哇（今印尼爪哇岛）力量最强。元世祖忽必烈认为，只要爪哇臣服，其他小国自当称臣。于是从至元十六年（1279年）起，元代不断派遣使者前往爪哇，并要求爪哇国王亲自来朝。至元二十六年（1289年），爪哇国王葛达那加剌将元使孟琪黥面送回。这种侮辱使忽必烈大怒，决意出兵爪哇。至元二十九年（1292年）十二月，福建、江西、湖广三省军队从泉州出发，经七洲洋、交趾、占城界、东西董山，次年正月至勾阑（今格兰岛）。二月，元军分水陆两军并进。三月初会于八节涧（今泗水南）。这时爪哇国王被邻国葛郎所杀，爪哇国王的女婿土罕必阇耶攻打葛郎不胜，闻元军至，即遣使以其国山川、户口及葛郎国地图迎降并求救。元军助土罕必阇耶打败葛郎，葛郎国王出降。四月，土罕必阇耶请求回去，以交换降表并准备贡礼随军入朝元帝，元军派兵护送。途中，土罕必阇耶寻机逃走，集结军队袭击元军。元军且战且退，两月后返回泉州。元军死亡3000余人，掠得价值50余万的金宝香布。忽必烈认为"亡失多"，无功而返，对率兵者亦黑迷失和史弼行杖罚，并没收其家资1/3。另一个将领因劝谏不要放纵土罕必阇耶，且立功多，则赐金50两。忽必烈这次征讨失败，心有不甘，准备再次发兵，后因病死而作罢。

朱元璋势力渐强

在元末群雄并起的情况下，朱元璋所领导的红巾军的势力逐渐强大起来，并取得了最后的胜利，建立了明朝。

朱元璋由于才略出众，深得郭子兴的器重，至正十五年（1355年）郭子兴死，朱元璋便掌握了这支军队的实际领导权。

同年六月，朱元璋南渡长江，夺取了太平路（安徽当涂）一带大片地区。第二年三月又亲率大军攻克集庆路（南京），改名应天府，建立江南行省。并以应天府为根据地，分兵占领镇江、金坛等地，逐渐发展为当时起义军中的一支劲旅。

攻下集庆后，朱元璋采取了固守东西，出击东南的战略，准备与群雄逐

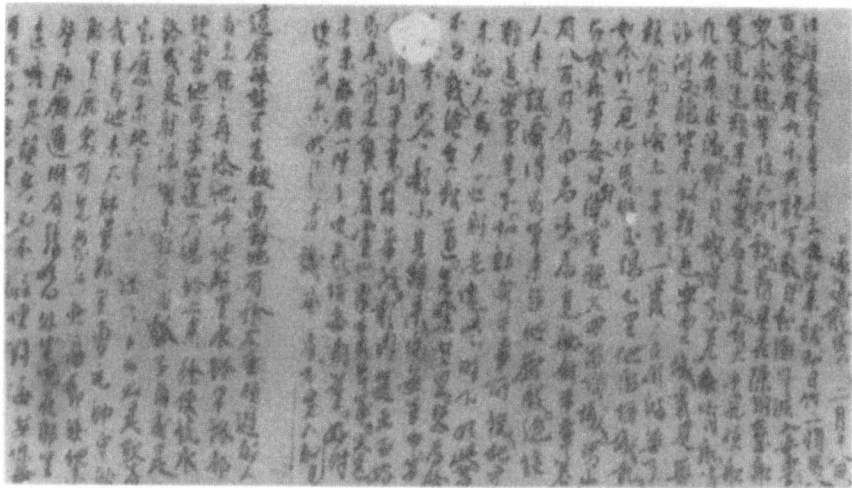

朱元璋于龙凤十二年（1366）所书两道军令，促徐达火速攻取安丰、高邮。

鹿中原。他先取皖南诸县，然后由徽州路（安徽歙县）进取建德路（浙江建德），构成包围婺州（浙江金华）的形势。天启元年（1358年）十二月，朱元璋亲自统率10万大军包围了婺州，元守将开城投降。朱元璋在婺州建中书浙东行省，接着又占领了浙东的诸暨、衢州和处州（浙江丽水）。东南一带被孤立的元军据点，次第消灭。

至正二十三年（1363年），朱元璋与陈友谅在鄱阳湖决一死战，结果陈友谅中流矢死亡，朱元璋占据了长江中游地区。4年后又消灭了割据苏州的张士诚。至正二十七年（1367年），朱元璋对盘踞浙东的方国珍分三路大军进行征伐，最后用3个多月的时间便消灭了其割据势力。

这样，朱元璋便基本上消灭了元朝的残余势力及各地的主要割据政权，并于洪武元年（1368年）建立了明朝。朱元璋之所以最终能成为明代的开国皇帝，是因为他比较注意建立巩固的根据地，能够重用一批地主阶级的知识分子，帮他制定比较正确的战略和策略。

朱元璋北伐

　　朱元璋为了彻底推翻元朝，乘红巾军刘福通北伐基本摧毁元主力军的有利时机，于至正二十七年（1367年）十月，下达了北伐的命令。同时，为了争取人心，还提出了非常有号召力的口号，北伐檄文提出，"驱除胡虏，恢复中华，立纲陈纪，救济斯民。"并向蒙古人和色目人提出："有能知礼义愿为臣民者，与中夏之人抚养无异。"这个口号的提出对北伐的顺利进军起了很大的推动作用。

　　朱元璋命中书右丞相、信国公徐达为征讨大将军，中书平章政事、掌军国重事的常遇春为副将军，率军25万人，由淮河入黄河，北取中原。徐达军至淮安，便遣使招谕沂州王宣及其子王信。王信投降，吴王遣使授王信为江淮行省平章政事，其部下皆任旧职，令其军马听徐达指挥。后来徐达占据沂州后，王信逃至山西，于是峄、莒、海州、日照、沂水等地皆来降。接着徐达又攻克寿光、临淄、高苑等地。山东诸州县尽为朱元璋军所占据。至正二十八年（1368年）二月，朱元璋的军队乘胜夺取河南。不到一月又克通州，元惠宗妥欢帖木尔只得携带家眷及宫廷官僚北走上都。八月二日，徐达师入大都，北伐取得了胜利，元朝灭亡。元顺帝逃到上都后，多次指挥军队反扑大都，均未成功，于洪武三年（1370年）在应昌病死，子爱猷识礼达腊继位，携残部退到塞外和林一带，史称北元。

燕军攻入京师·建文帝下落不明

　　建文三年（1401年）二月十六日，朱棣率燕师南下。二十日，燕军抵达保定。三月一日，燕军在滹沱河沿岸扎营，同时派游骑为疑兵前往定州、真定，迷惑平安、吴杰，以集中力量对付盛庸。二十二日午时，燕军抵达夹河，向盛庸的军队展开了进攻。这一天，两军旗鼓相当，损失各半，不分胜负。二十三日，两军再战，因天气陡变，东北风大作，南军退保德州，燕师乘胜追击，大获全胜。朱棣取得夹河战场胜利后，乘胜击溃吴杰、平安的军队，并连连掠取顺德（今河北邢台）、广平（今河北永年）、大名（今河北大名）等地。燕军经过的诸郡县皆闻风降燕。闰三月二十四日，建文帝以夹河之败为借口罢免齐泰、黄子澄的官职，企图通过此举向燕军妥协，希望燕军自此班师回朝。可是，不但没有阻止朱棣南下，反而使朱棣的"诛奸除恶"的借口，合法化。建文帝罢官缓兵之计被燕王识破。四月，建文帝采纳方孝孺的建议，命令大理寺左少卿薛岩持着诏令北上拜见燕王，朱棣看完赦免自己的罪罚、请求自己罢兵的诏令，却公然拒绝朝廷的要求。五月，燕军向大名运送粮饷，盛庸等率兵出师断绝燕军的运粮道路。燕王派遣使者南下京师，指责朝廷言而无信。建文帝听从方孝孺的建议，斩了燕使武胜，朱棣自然怒不可遏。六月，朱棣遣都指挥李远率骑兵六千南至济宁、谷亭、沙河、沛县一带，焚毁了德州的运粮船只，军资器械也化为灰烟，漕运兵士散走殆尽，朝廷一片哗然。六月二十五日，燕军李远设置埋伏，大败袁宇。七月十日，南军战将平安从真定乘虚攻向北平。居守北平的燕王世子朱高炽一边督众固守，一边派人告急。平安之师未能攻克北平，退守真定。七月十五日，正在大名的朱棣听说大同守将房昭据易州（今河北易县）水西寨，窥视北平，便迅速班师北进援助保定。八月二日，燕师攻克保定。十月二日，燕军围攻水西寨，房昭、韦谅弃寨而逃。二十四日，朱棣率领军队凯旋回到北平。建文四年（1402年），燕军和南军又在淝河、小河、灵璧、直沽、扬州等地多次展开战争，建文朝廷更加每况愈下，一些本来就处于踌躇观望之中的武臣，干脆归降了燕王朱棣，燕王的大军攻克扬州后，又相继攻陷高邮、通州、泰州、仪真等地，并在高资港北岸驻军，与京师一江之隔，建文朝廷危在旦夕。五月二十日，建文帝无奈颁布"罪己诏"，征兵勤王，同时还命令出外募兵的齐泰、黄子澄，共谋对付意欲渡江的燕军。五月二十二日，建文帝采纳方孝孺缓兵之计，派遣庆成郡主渡江议和，朱棣断然回拒。六月，燕军向瓜洲渡江。十三日，朱棣率大队抵达南京城下，京师自此陷落。宦官开城门迎接，宫中火起，建文帝朱允炆不知所终，成为千古之谜。